Entre Drummond e Cabral

FUNDAÇÃO EDITORA DA UNESP

Presidente do Conselho Curador
Mário Sérgio Vasconcelos

Diretor-Presidente
José Castilho Marques Neto

Editor-Executivo
Jézio Hernani Bomfim Gutierre

Superintendente Administrativo e Financeiro
William de Souza Agostinho

Assessores Editoriais
João Luís Ceccantini
Maria Candida Soares Del Masso

Conselho Editorial Acadêmico
Áureo Busetto
Carlos Magno Castelo Branco Fortaleza
Elisabete Maniglia
Henrique Nunes de Oliveira
João Francisco Galera Monico
José Leonardo do Nascimento
Lourenço Chacon Jurado Filho
Maria de Lourdes Ortiz Gandini Baldan
Paula da Cruz Landim
Rogério Rosenfeld

Editores-Assistentes
Anderson Nobara
Jorge Pereira Filho
Leandro Rodrigues

Affonso Romano de Sant'Anna

Entre Drummond e Cabral

© 2014 Editora Unesp

Direitos de publicação reservados à:
Fundação Editora da Unesp (FEU)
Praça da Sé, 108
01001-900 – São Paulo – SP
Tel.: (0xx11) 3242-7171
Fax: (0xx11) 3242-7172
www.editoraunesp.com.br
www.livrariaunesp.com.br
feu@editora.unesp.br

CIP-Brasil. Catalogação na publicação
Sindicato Nacional dos Editores de Livros, RJ

S223e
Sant'Anna, Affonso Romano de, 1937-
    Entre Drummond e Cabral / Affonso Romano de Sant'Anna. –1.ed. – São Paulo: Editora Unesp, 2014.

    ISBN 978-85-393-0548-3

    1. Andrade, Carlos Drummond de, 1902-1987 – Crítica e interpretação.   2. Melo Neto, João Cabral de, 1920-1999 – Crítica e interpretação.   I. Título.

14-14020   CDD: 869.91
                                                 CDU: 821.134.3(81)-1

Editora afiliada:

Asociación de Editoriales Universitarias
de América Latina y el Caribe

Associação Brasileira de
Editoras Universitárias

Sumário

Drummond e Cabral:
pedras e caminhos   7

Como ler a poesia de
Carlos Drummond de Andrade   69

Referências bibliográficas   115

Drummond e Cabral: pedras e caminhos

Originalmente, este ensaio começou a ser escrito a partir da análise de uma conferência de João Cabral de Melo Neto,[1] na qual o admirável poeta explicita a sua tese sobre o que é, para ele, a melhor e a pior poesia. Essa sua teoria, posteriormente levada ao extremo por alguns, provocou alguns mal entendidos que têm sido repetidos acriticamente como credo ou simples palavra de ordem.

Na medida em que fui agenciando outros textos do poeta (ou relativos a ele) para entender melhor seu pensamento estético, a questão original foi se expandindo. Tornou-se incontornável, por

---

1 Melo Neto, Poesia e composição: a inspiração e o trabalho de arte, *Revista Brasileira de Poesia*, v.VII, MCMLVI, abr. 1956.

exemplo, o estudo da "delicada" relação entre Cabral e Drummond, já que, a partir daquela conferência, Cabral se distancia e até repele o modelo drummoniano que havia motivado seus primeiros poemas. Por outro lado, acabei retomando o texto que Cabral havia escrito sobre Miró, pintor de sua admiração, encontrando alguns equívocos que explicam melhor a obra do poeta do que a obra do pintor. Igualmente acabei revendo a relação entre Cabral e Murilo Mendes e reconsiderando sua relação com Manuel Bandeira.

Evidentemente, este estudo é um exercício de admiração e uma comprovação de como pessoas notáveis cometem equívocos notáveis. Se isto não as torna menores ou piores, nos ensina algo sobre as sutilezas da retórica e sobre aspectos nem sempre claros da vida literária em que os autores, como atores, desempenham seu papel histórico.

Do mesmo modo que Drummond – poeta daquela "pedra no meio do caminho" – se tornou incontornável na poesia brasileira. Posteriormente, João Cabral – poeta também da "pedra" árida no deserto de Anfion – se transformaria em lugar de passagem obrigatório para as novas gerações.

> No meio do caminho havia uma pedra.
> No meio das pedras havia um caminho.
> Quantos "caminhos" e quantas "pedras" existem?

Esse ensaio abre espaço para que se pense na questão dos obstáculos e desafios da criação poética, de como o poeta, a exemplo de Sísifo, realiza o projeto de conduzir sua obra na montanha da linguagem.

*

Tendo que preparar, em 2011, um curso para a Casa do Saber, no Rio de Janeiro, intitulado "Como ler poesia", voltei a examinar uma série de textos nos quais poetas e teóricos exprimem o que pensam sobre o fazer poético. Relendo autores estrangeiros e nacionais, detenho-me numa famosa conferência que João Cabral fez em 13 de novembro de 1952 na Biblioteca de São Paulo: "Poesia e composição: a inspiração e o trabalho de arte".

Este me parece um texto chave, uma encruzilhada em que a teoria e a prática da poesia brasileira se encontraram depois da experiência modernista de 1922. Mais do que o texto de um autor, é um lugar de passagem, pois Cabral se tornou um expoente de sua geração, uma referência, um modelo. Permitindo-me uma observação bem pessoal, eu diria que passei por aí. Outros passaram por aí. E outros ficaram por ali, enredados. O referido ensaio de João Cabral faz parte de um "cisma" que ocorreu na teoria e na prática da poesia brasileira, o que não se observa na história da poesia de outros países. Instituiu-se (de uma maneira que chega a ser caricata e derrisória, a partir deste obstáculo poético e epistemológico), a certeza de que existe uma poesia que é "boa" porque privilegia a "forma", e uma outra coisa que é "má", e talvez nem seja poesia, pois privilegia a "emoção". Deixando de lado essa mal colocada questão de fundo e forma, vejamos o seguinte:

Sucintamente, eis alguns dos temas básicos levantados naquele texto de João Cabral:

há duas famílias de poetas: os que seguem a inspiração e os que se dedicam ao trabalho;

na modernidade, há uma dispersão, uma fragmentação de poéticas em oposição a uma época passada mais "feliz" em que havia um cânone a ser seguido;

o autor hoje não escreve para o leitor, mas para si mesmo e seus pares, e a comunicação cede à expressão;

além dessas questões, aquele texto do poeta levanta problemas dos limites entre biografia e poesia, o homem e o artista, o sujeito e sua obra.

Estes são os temas básicos que, lidos assim, talvez não apresentem muita complexidade ou discordância, mas que vistos mais de perto expõem alguns equívocos e problemas que afetaram várias gerações de poetas brasileiros.

Vejamos mais de perto quais os principais argumentos de João Cabral apresentados naquela conferência de 1952. Isto nos levará a considerar aspectos intrigantes para se entender o texto e o contexto literário, o conflito de gerações, a busca de paternidade e filiação literária e, também, a ver brilhantes, porém equivocados enfoques que se abrigam em certas formulações teóricas. Assim se entenderá melhor, por exemplo, a relação entre Cabral e Drummond e até mesmo a complexa aproximação entre o poeta Cabral e o pintor Miró, como também veremos o contraste entre Cabral e os modernistas Manuel Bandeira e Jorge de Lima.

Isto posto, convenhamos: João Cabral é um poeta excepcional, que se destaca dentro de sua geração e dentro da poesia de língua portuguesa. Sua marca está presente em vários de seus contemporâneos. Contudo, algumas questões se impõem dentro da admiração por sua obra. Claro que logo surge a pergunta: pode-se discordar da teorização feita por um poeta de tão alta qualidade? Até que ponto a teorização revela alguns mal entendidos que permeiam a teoria e prática da poesia entre nós?

Cisão na família literária

João Cabral começa a citada conferência dividindo os poetas em duas famílias: a que trabalha racionalmente e a que pratica certo espontaneísmo. Quem tem intimidade com a obra e o pensamento desse poeta reconhece que ele se coloca do lado do "trabalho", em oposição à chamada "inspiração". A conferência em que desdobra sua tese é uma consistente defesa de suas posições, que podem ser conferidas nos poemas em que ele expõe sua "arte poética", a exemplo de "Psicologia da composição", "Fábula de Anfion" e "Antiode".

Esses poemas são de 1946/47, a conferência é de 1952. Esse é o período em que o poeta reelabora suas diretrizes estéticas distanciando-se dos primeiros modelos, sejam eles o surrealismo de Murilo Mendes ou a poesia mais objetiva e irônica de Drummond.

Ao dividir os poetas em duas "famílias", os que "fazem" poesia e os que a "recebem pronta", ele não apenas toma lugar na primeira delas, mas vê a segunda família de poetas sempre de uma maneira pejorativa. Isto não teria nada demais, cada autor tem suas preferências e facilidades estilísticas conforme sua personalidade, mas no caso de Cabral há algo especial, pois ele se tornou um autor paradigmático cujo pensamento e obra influenciaram o debate da poesia, e é nesse sentido que sempre é saudável para a história da cultura a revisão dos paradigmas e exemplos.

Alguém relendo o texto de João Cabral pode alegar que nos parágrafos 10 e 11 daquela conferência ele nega, diplomaticamente, tal oposição. Com efeito, estrategicamente, ele parece apagar a divisão que vinha fazendo diplomática e conciliadoramente. Chega a admitir que "essencialmente essas duas maneiras de fazer não se opõem", pois o que importa é que ambas são "conquistas de homem", mas logo se recupera e retoma o veio central de seu discurso, que é a valorização do "trabalho" em oposição ao que chama de "inspiração".

Modelos de inclusão e de exclusão

Por ora, deixemos a discussão complexa do que seja "trabalho" e "inspiração" e da simbiose que existe entre esses dois estágios da produção artística. Centremo-nos na observação de que essa divisão dos poetas em duas famílias é perigosa, pois teoricamente é redutora de algo bem complexo na história da literatura.

Neste contexto não existem apenas duas famílias que se opõem. Há, se fôssemos utilizar a semântica de João Cabral, inúmeras famílias. Mais que famílias, clãs e dinastias,[2] isto sem falar nos filhos renegados, nos filhos pródigos e nos agregados. São inúmeras as famílias que a crítica e a

---

2 Ver Martins, Dinastias poéticas. In: _____. *Pontos de vista*, v.12 (1986-1990).

história literária tentam agrupar em vários conjuntos.³

O conhecido livro de Harold Bloom, *The anxiety of influence*,⁴ poderia ser útil no estudo desta questão, pois aí está presente aquilo que Freud chamava de "romance familiar". Embora Bloom não escreva com a clareza de Nietzsche e Freud – aos quais confessa seu débito teórico –, e apesar de se dedicar à literatura clássica de língua inglesa, algumas postulações teóricas, devidamente trabalhadas, podem ser úteis no esclarecimento das relações entre João Cabral e Drummond. Com feito, Bloom privilegia o que chama de *strong poets*, que é o caso de Drummond e Cabral, e cria seis categorias, um

---

3 Tornou-se lugar comum, há algumas décadas, no Brasil, usar as categorias que Ezra Pound criou, de que existem os seguintes tipos de escritores: inventores, mestres, diluidores, bons escritores sem qualidades beletristas salientes e lançadores de moda. É mais uma tentativa de conceber e ordenar o sistema literário. Achar, no entanto, que os pretensos "inventores" são o "centro" ou "alma" do sistema é negar o sistema. Este é o tipo de visão da história autoritária e excludente.

4 Bloom, *The anxiety of influence: a theory of poetry*.

pouco rebarbativas, usando termos da retórica clássica para encaminhar seu estudo: *clinamen, tessera, kenosis, daemonization, askesis, apophrades*. Não chegam a ser "modelos", na acepção estrutural do termo, mas sugestões impressionistas de trabalho. Modelos são construídos com mais rigor.

Bloom constata que um poeta ajuda a formar o outro, que é normal um jovem poeta, que ele chama de "efebo", se volte contra o "precursor". O jovem não quer repetir, quer fundar seu discurso; em vez da "repetição", privilegia a "descontinuidade". Ele quer ser pai de si mesmo.

Deixando de lado essa tentativa lítero-freudiana de categorização, talvez seja mais rigoroso formalmente perceber que existem duas maneiras predominantes de conceber a história (literária ou não). Uma é da "inclusão" e a outra da "exclusão". A primeira, mais descritiva, tenta entender o conjunto das diversas manifestações, obras e fatos, interpretando, categorizando, localizando o espaço e o tempo que representam. Outra, mais autoritária, segue certo arianismo, e sob pretexto de pureza estética, trata dos eleitos que sabem para onde segue a história (e a poesia). É uma maneira de se apoderar da "história" e da "verdade". No entanto, o conceito de uma história linear, de uma história em feitio de flecha, que vai do gênesis ao apocalipse, ou mesmo a ideia de uma história única já foi, epistemologicamente, posta em xeque pelas ciências humanas e sociais. De uma maneira mais ampla, autores de outras disciplinas, como Lévi-Strauss na antropologia, recentemente discorreram tratando do fato de que não existe "a" história, mas "várias" histórias simultâneas.[5]

Por outro lado, expandindo a semântica usada por João Cabral, convenhamos que entre os poetas, a luta pela "herança" dos "pais e avós" é ferrenha. Alguns autores têm um comportamento que interessaria aos estudos antropológicos: carregam totemicamente o crânio ou o osso de um

---

5 A obra de Lévi-Strauss é farta ao tratar disto, e até nos livros publicados postumamente reaparece a questão. Ver *L'Antropologie face aux problémes du monde moderne* e *L'autre face de la lune*. De minha parte, já tratei disto em muitos textos como em "Afinal, o que aprendemos até agora?", aula inaugural dada em várias universidades, como na Universidade Federal do Rio de Janeiro, em 1990, e na Universidade Federal do Maranhão, em 1994.

poeta antepassado como relíquia a ser reverenciada. Lawrence Lipking,[6] ao analisar como se constituem as famílias poéticas, mostra como muitos voltam à sepultura de seus preferidos não só para reverenciá-los, mas para se alimentar canibalmente de suas obras.[7]

Na verdade, mais do que famílias, há tribos literárias, com tudo o que isto implica de violência e luta pela sobrevivência. Num polo oposto ao da admiração e reverência aos autores que nos precederam, a teoria do canibalismo e da antropofagia, usada devidamente, nos levaria a constatar como se dá a "devoração" e/ou "exumação" artística. Quando modelos da vida animal forem aplicados devidamente para se entender os clãs artísticos, veremos que há "comensais" e "predadores" no sistema artístico. Por outro lado, como lembra

---

6 Lipking, *The life of the poet: begining and ending poetic careers*.
7 Talvez seja interessante o leitor deste ensaio ver o poema "Elaborando as perdas", em Sant'Anna, *Poesia reunida*, v.1, que trata deste tema.

Lipking, no sistema literário como na antropologia existem três momentos na metamorfose do poeta e sua obra: o momento da iniciação, o momento da maturidade e o momento em que deixa seu legado à nova geração.

Por isso, pode-se dizer que há conflitos parricidas e fratricidas dentro da literatura. Numa conferência apresentada em Rapallo, Itália, em 2004, chamada "Competitividade e agressividade",[8] tratei desse tema desconstruindo a falsa versão de que artistas são uma confraria de anjos. Há, portanto, no espaço artístico, aquilo que há mais de quarenta anos tenho chamado de "luta pelo poder literário". Uma das manifestações mais sutis e alcandoradas disso, dentro de algumas literaturas como a nossa, é a reminiscência monárquica e redutora que faz que se pense que um poeta está passando o cetro a outro, o que talvez seja uma lembrança serôdia da síndrome do "príncipe dos poetas" ou do "poeta da corte", como era antigamente. Deve ser por isto que

---

8 Ver a conferência "Terceira margem", em *Next: instrumentos para inovação*, Brasil, 2005.

alguns, ingênua ou perversamente, postularam para Cabral o lugar que era ocupado por seu "pai literário" – Carlos Drummond de Andrade.

Cabral e Drummond: uma relação delicada

Nas famílias literárias, o complexo de Édipo – essa relação de amor e ódio – ocupa um espaço maior do que se pensa. Para nos mantermos apenas no âmbito familiar dos mencionados personagens, vejamos o conflito entre João Cabral e Carlos Drummond. Digo conflito porque há uma evidente tensão de admiração, concorrência, salvaguarda e benevolência entre o discípulo e o mestre.

Não é novidade a presença ostensiva de Drummond nas obras iniciais de Cabral. Todos os seus críticos já trataram disto. As provas são evidentes e são muitas. As primeiras publicações do poeta pernambucano ressoam até parafrasicamente o mineiro. Toma-se, sumariamente, esses exemplos bem conhecidos: "Os três mal amados" (1943) poema em prosa, espécie de miniteatro, feito a partir de "Quadrilha" (1930) de Drummond. Além desta marca, o primeiro livro de Cabral, *O engenheiro*

(1942-1945), expõe essa dedicatória: "a Carlos Drummond de Andrade, meu amigo", e neste livro há ainda um poema, que Cabral enviou "a Carlos Drummond de Andrade, à sua maneira", evidentemente uma confessada paráfrase do seu modelo inicial.

A admiração de Cabral por Drummond também se revela em outro dado biográfico: o poeta mineiro foi até padrinho de casamento de Cabral. Este, que no princípio de sua carreira escrevia regularmente a Drummond, reconheceu numa carta que até "caceteava diariamente por telefone"[9] seu colega, a quem pedia orientação até mesmo em relação ao emprego. É uma relação delicada. Numa carta a Bandeira, em 4 de setembro de 1947, Cabral diz que Drummond "encolheu-se e não me disse nada".[10] Em outra, sem data, comenta com Bandeira: "e o Carlos Drummond, depois de mais de um ano de minha saída do Rio, nunca encontrou um minuto para me responder. Confesso que este

---

9 Sussekind (Org.), *Correspondência de Cabral com Bandeira e Drummond*.

10 Ibid., p.33.

procedimento, da parte dele, que sempre tive por meu amigo, me espanta. Só uma razão posso dar: alguma intriga. Mas quem teria interesse nisso?".[11]

A rigor, as cartas de Cabral são sempre grandes e generosas, e as de Drummond mais secas, às vezes de uma ou duas linhas. Quando João Cabral lhe manda uma "variação" em torno do seu "Quadrilha", Drummond responde simplesmente: "acho que deve continuar". Isto remete de algum modo para aquele estudo de Bloom sobre a "ansiedade de influência", quando ele dizia que o patriarca deve se sentir incomodado com a vizinhança, com a consanguinidade, com a repetição. Por isso, o "precursor" paradoxalmente pensa em relação ao seu seguidor: "be like me but not me" (seja como eu, mas não eu).

Se pegarmos a correspondência de Cabral com Manuel Bandeira, veremos o contraste em face da restrita correspondência com Drummond. Com Bandeira – pernambucano como Cabral – existe expansão, confraternização, cumplicidade. Bandeira nunca está traçando o controle de seu

---

11 Ibid., p.69.

território como acontece com Drummond, sempre cioso, defendido e estranho no seu canto *gauche*. Esta diferença se torna ainda mais interessante se considerarmos que a poesia de Bandeira é bem diferente da de Drummond. Ao contrário, há muitas das características que desagradariam à estética severina de Cabral, tal como se pode inferir naquela conferência e nos seus versos.

Em relação a Murilo Mendes, parece não ter havido conflito. Com efeito, é bem conhecida a confissão de Cabral em relação a Murilo: "sua poesia me foi sempre mestre, pela plasticidade. Sobretudo foi ela quem me ensinou a dar procedência à imagem sobre a mensagem, ao plástico sobre o discursivo", mas essa afirmativa vamos encontrar na orelha da poesia reunida de Murilo (1959), edição da Livraria José Olympio Editora, não na orelha dos livros de Cabral. E mais, o diálogo de admirações entre os dois vai aparecer na dedicatória que Murilo faz de "Parábola", dedicado "a João Cabral de Melo Neto".

É curioso observar que este livro de Murilo é de 1946-1952, época da grande transformação da poesia de Cabral, quando ele estava se descolando da sombra de Drummond e de Murilo e criando uma linguagem mais original; época também daquela conferência sobre o "fazer" poético e da publicação de "Antiode" e "Psicologia da composição"; época em que estava reelaborando a questão da paternidade, das influências em sua poesia em busca de uma expressão própria.

Por isso, é de se notar que nas últimas cartas trocadas entre Cabral e Drummond, embora reafirmem a mútua admiração e a amizade, há também sempre uma necessidade de explicação de porque não se escrevem. Drummond se confessa "aparentemente infiel amigo"[12] e tenta se desculpar: "sabe que em matéria de correspondência eu sou como a mula velha e incorrigível",[13] e Cabral responde: "v. não vai pensar que o meu silêncio é represália ao seu".[14] Neste caso a falta fala mais do que a presença.

O fato é que nunca houve uma real proximidade, e aos poucos se afastaram mais. Há uma di-

---

12 Ibid., p.225.
13 Ibid., p.232.
14 Ibid., p 227.

vergência crescente entre ambos – apesar de toda a cortesia – que vai se tornando mais sintomática entre 1947 e 1952.

Um pai complicado: o distanciamento

Aquela conferência que João Cabral pronuncia em 1952 vai distanciá-lo ainda mais do modelo drummoniano. No seu subtexto já se nota algo edipianamente familiar: a negação do pai, a tentativa de criar outra família. No seu texto Cabral não se refere a nenhum poeta brasileiro, e a ausência de nomes nacionais presentifica outra estratégia de escrita. Ele está "denegando" as marcas e origens e se preparando para fundar um espaço próprio, ou como ele mesmo vai dizer naquela conferência: "o que se espera do poeta hoje, é que se pareça a ninguém, que contribua com uma expressão pessoal". Portanto, ele se dispõe a se recriar e criar uma linhagem.

Há, sim, a citação fortuita de Juan Ramon Jimenez, e outra referência mais incisiva a Mallarmé. Mas aqui, curiosamente, para desespero dos que no Brasil se julgam herdeiros de Mallarmé,

Cabral critica o poeta francês abertamente: "se se caminha um pouco mais na direção apontada por Mallarmé, encontra-se o puro jogo de palavras".[15] Ele volta a isso na entrevista dada a Antônio Carlos Secchin, na qual não apenas diz que Mallarmé "nada inventou quanto à metrificação", mas acrescenta: "já a poesia de Valèry sempre me pareceu secundária, uma espécie de Mallarmé passado por água. O que me interessava nele era a explicação teórica de Mallarmé, seu mestre. Só que a poesia do mestre conduziu a um beco sem saída".[16]

Nisto, à sua revelia, ele se aproxima de Mário de Andrade – de quem guardava certo ressentimento[17] –, pois Mario dizia: "é preciso evitar Mallarmé".[18] Neste sentido, é relevante ressaltar que, no plano internacional, Ezra Pound, que

---

15 Conferência citada de João Cabral de Melo Neto, p.11.
16 Secchin, *João Cabral: a poesia do menos*.
17 Numa de suas entrevistas, Cabral revela que ficou sentido com Mário por este não ter se dirigido a ele numa roda de escritores numa livraria no Rio.
18 Ver também Sant'Anna, O sequestro de Mário de Andrade por Mallarmé Campos. In: _____, *Que fazer de Ezra Pound?*.

tanto agrada a certos vanguardistas, "ignorava" Mallarmé, conforme depoimento insuspeito de T. S. Eliot.[19]

Sobre este tópico é bom consultar o bom senso de Manuel Bandeira que, em *Itinerário de Pasárgada*, faz uma adendo àquela histórica frase de Mallarmé – "poesia se faz com palavras" – assinalando: "muito embora, bem entendido, seja pela força do sentimento ou pela tensão do espírito que acodem ao poeta que as combinações de palavras onde há carga de poesia".[20] A seguir, Bandeira relata como certos consertos racionais que poetas fizeram em seus poemas não são necessariamente

---

19 "Ele ignora Mallarmé, não tem interesse em Baudelaire", diz Elliot no prefácio de *The literary essays of Ezra Pound*, p.XIV. Ressalta-se que ao se referir a Mallarmé nesta conferência, João Cabral de Melo Neto se põe abertamente contra "aqueles que se dedicaram, com intenções seríssimas, à exploração de certas qualidades de ressonância ou mesmo semânticas, de palavras isoladas". Ao se referir a essa poesia "puramente decorativa", estava tomando um rumo diferente da poesia concretista que eclodiria no Brasil em 1956.
20 Bandeira, *Itinerário de Pasárgada*, p.24.

melhores do que a primeira versão. Isso, além de ter advertido que discordava daquele pensamento de Valéry (modelo confesso de Cabral), de que era preferível o *avoir composé* – "uma obra medíocre em plena lucidez que uma obra prima brilhante em estado de transe".[21]

Entretanto, observemos mais de perto alguns dados dessa crônica de divergências literárias para entendermos melhor como se configura o sistema literário. No primeiro período em que residiu na Espanha, Cabral se dedicou de uma maneira artesanal à tarefa editorial. Editando vários poetas brasileiros, publicou alguns poemas de Drummond na coleção *El libro inconsútil*. Em uma carta de 9 de outubro de 1948, Cabral disse a Drummond: "deixa-me profundamente triste o fato de o *Livro Inconsútil* que já vai para seu sétimo volume, não ter publicado nada seu".[22] A antologia de Drummond sairia posteriormente. Todavia, se quisermos aproveitar essa metáfora do "inconsútil", poderemos afirmar que a complexa costura entre Cabral

---

21 Ibid., p.24.
22 Sussekind, op. cit., p.227.

e Drummond iria se tornando mais difícil a pouco e pouco.

Tomemos, no entanto, um texto pouco conhecido de Drummond, mesmo porque ele o publicou com pseudônimo em 1948, quando Cabral estava já tomando um rumo divergente do seu na poesia. Drummond amava esses disfarces. Desde os primeiros escritos no "Diário de Minas", na década de 1920, ele praticava esse revezamento de máscaras literárias. Fernando Py, aliás, já estudou com acuidade como Drummond usou, numa versão mineira/brasileira de Fernando Pessoa, cerca de sessenta pseudônimos.

A máscara literária que Drummond vai usar para externar o que pensa sobre um livro de Cabral é "Policarpo Quaresma Neto", e foi publicada em 1948.[23] Sob o sintomático pseudônimo extraído do personagem de Lima Barreto, percebem-se

---

23 Ver o precioso volume *Conversa de livraria*, organizado por Claudio Giordano com apoio de Waldemar Torres. Os textos de Drummond foram originalmente publicados no suplemento "Letras e Artes", do jornal *A Manhã*, 1948.

as intenções do oculto signatário. Drummond diz realmente o que pensa sobre a poesia de João Cabral, vendo seus defeitos e virtudes:

> Um poeta hermético
>
> Dando ao seu caderno de poemas o título rebarbativo de "Psicologia da Composição" (*O livro inconsútil*, Barcelona, 1947) o Sr. João Cabral de Melo Neto afasta desde logo, dentre os leitores, aqueles que amam a poesia em estado de facilidade. Para os que restarem, o livro todo será intimo, confessional. O objetivo do poeta é acertar um
>
>> "tiro nas lebres de vidro
>> do invisível"
>> ou então
>> "cultivar o deserto
>> como um pomar às avessas"
>
> Excluído todo elemento sensual, proscrita a emotividade romântica, resta dominar "a fria natureza da palavra escrita", e o Sr. Cabral o consegue as mais das vezes.
>
> Este jogo, com seus encantos, tem seus riscos. A mineralidade específica desta poesia ataca o autor, em certos passos, e ei-lo rígido, incomunicável. Re-

pelindo as pompas e louçainhas do adjetivo, atém-se ao recurso elementar da comparação (há uma floresta de "como" no livro). E desinteressado de música, tomba na cacofonia. Mas seus achados não lembram os de nenhum poeta brasileiro e são de uma potência extraordinária.

> "nuvens
> trazendo no bojo
> as gordas estações"
> ou este
> "o sol do deserto
> não choca os velhos
> ovos do mistério"

Na *Fábula de Anfion* inspira-se menos no mito original grego do que na sua interpretação por Valéry. Sem embargo, o tema lhe é próprio, constituindo variação do seu anterior "Engenheiro".

O pobre hermetismo de nossos velhos e jovens poetas esfarinha-se diante do mistério que reside no âmago dessa difícil e admirável poesia. Edição raríssima: está a disposição do seu dono, na redação deste suplemento, o exemplar com dedicatória, que tivemos a fortuna de achar num lotação de Copacabana.

É um texto crítico, sincero e cruel. É, ao que parece, do mesmo ano em que Cabral diz a Bandeira que Drummond sumiu, não escreve e que só pode ser intriga de alguém.

A radiografia da poética cabralina é perfeita. Até nos elogios. Entretanto, revela que é "rebarbativo", que usa muito o "como", ressalta a frieza, a incomunicabilidade, localiza as fontes de Cabral e comete aquela maldade final ao dizer que o livro, com dedicatória, foi achado "num lotação de Copacabana".

A crítica literária da época não conseguiu revelar quem era esse Policarpo. Num texto de 1948,[24] (que parece ter sido escrito pelo próprio Drummond), diz-se que Policarpo se retirou para Buenos Aires, mas voltará a qualquer hora, e, com artimanha, refuta as hipóteses de que o autor possa ser Brito Broca, o próprio Drummond, Raimundo Magalhães Jr. e Marques Rebelo. Observa-se que ao inscrever-se entre os suspeitos, Drummond talvez pensasse em apagar as pistas.

Releva observar que esse tom crítico é menos cordial comparando-se o que o próprio Drum-

---

24 Sussekind, op. cit., p.105.

mond disse a Cabral em uma carta de 3 de julho de 1948: "v. está abrindo um caminho para a nossa poesia empacada diante dos modelos já gastos".[25]

Por outro lado, seria de se esperar que mais cedo ou mais tarde, Cabral daria algum troco ou aprofundaria mais o distanciamento poético entre ambos. Em uma entrevista concedida "familiarmente" à sua esposa, Marly de Oliveira, à revista *Diálogo*,[26] Cabral abre um espaço para comentar a poesia de Drummond, asseverando que, num certo momento, este "desbocou", ou seja, ficou "discursivo" como Neruda: "Carlos Drummond de Andrade, no princípio de sua carreira literária, a gente sentia que ele tinha uma falta de ser. Depois, ele leu Neruda e desbocou-se, por assim dizer, soltou a língua".[27]

---

25 Sussekind, op. cit., p.225.
26 As páginas da entrevista não trazem a data de publicação revista.
27 Virou lugar comum na poesia brasileira acusar certos poetas de "nerudismo". Outra visão redutora; Neruda tem poemas abomináveis e poemas memoráveis.

"Soltar a língua". A vida literária tem lá suas maledicências, pois Drummond, em geral tão comedido, às vezes soltava também a língua. Como relatei num "Quase-diário" ("Rascunho" – maio 2009), ele deu de presente ao poeta Gilberto Mendonça Telles um livro que João Cabral lhe havia ofertado, e junto à dedicatória que Cabral lhe havia feito, Drummond escreveu o seguinte comentário: "Para você, Gilberto, que gosta dessas coisas".

Já numa entrevista dada ao poeta e professor português Arnaldo Saraiva e publicada no *Jornal de Letras* de 7 de setembro de 1987 (ano da morte de Drummond), quando lhe foi perguntado a Cabral "se considerava sem ascendentes", respondeu: "Eu me sinto sem ascendentes. Carlos Drummond teve uma grande influência sobre mim. Nos seus primeiros livros ele usava uma linguagem ou uma harmonia ou uma desarmonia que eu nunca tinha visto na poesia brasileira".

Realmente a partir de *Sentimento do Mundo*, Drummond assume certo "discurso", saindo da atmosfera modernista do poema curto e parodístico. Claro que Drummond, apesar de sua maestria, tem, como todo poeta, poemas ruins. Mas Cabral está sendo mais radical.

Duas coisas que nos fazem retomar o princípio desse ensaio podem ser inferidas e indagadas:

a) Será que a obra posterior de Drummond é só "discurso", no sentido pejorativo?

(Cabral em outra oportunidade tenta salvar um ou outro poema do poeta mineiro, como "Oficina irritada", mas a ideia de desqualificar a poesia "lírica" e "discursiva" prevalece).

b) Em segundo lugar, pode-se indagar mais radicalmente: todo "discurso" em poesia deve ser condenado?[28]

Como se vê, a coisa é mais complicada do que esboçar duas famílias e escolher uma delas para se instalar. Se a divisão de João Cabral fosse universalmente correta, teríamos que jogar no lixo quase toda a poesia ocidental e oriental, e não apenas Neruda, Pessoa, Bandeira e o "desbocado" Drummond.

---

28 Radicalizando essa posição, os concretistas paulistas diziam que a poesia feita em versos estava superada, que a semântica visual era essencial na poesia do futuro.

De resto, é bom reafirmar que não só a classificação dos poetas em duas famílias é equivocada, como também é equivocado pensar que um poeta não tenha dentro de si suas contradições e possa ter vários "gens" literários.

No meio do caminho tinha um Miró

Muitos são os caminhos e descaminhos para se forjar uma poética. Ao mesmo tempo em que confessava reiteradamente sua aversão pela música, vendo nela apenas uma sucessão de ruídos – como declarou em várias entrevistas –, Cabral tinha uma sintonia com um tipo determinado de artes plásticas.[29]

Dentro do estudo da linhagem e da família estética de Cabral, proponho agora uma leitura invertida da relação estética entre o poeta pernambucano e o pintor catalão Joan Miró, que Cabral tanto admirava. Em geral, os leitores tendem a ver uma

---

29 O livro *O homem que confundiu a mulher com um chapéu* (Cia das Letras), do psicanalista Oliver Sacks, tem um ensaio sobre sensibilidade musical que ajuda a entender tecnicamente essa ojeriza de João Cabral pela música.

simetria entre o poeta e o pintor, pois Cabral escreveu um esforçado estudo sobre a obra de Miró.

Pois parto de outra perspectiva. Cabral olhou/mirou o espelho/Miró, mas o viu invertido, ou, explicitamente: Cabral viu um Miró construtivista, que não existe, pois o construtivista (em gestação) era o próprio Cabral. É um efeito de projeção. O fenômeno é assaz complexo, pois o que ele se negava a ver em Miró era exatamente o que Miró era: um autor ligado ao inconsciente, ao primitivismo, aquilo que Cabral estava progressivamente deixando de ser.

Este é um caso de extraordinária inversão crítica.

Se todo autor, ao tomar outra obra ou autor como objeto de análise, de alguma forma, fala sobre sua visão de mundo projetada no objeto em estudo, Cabral não poderia fugir a isto. Só que ele, ao invés de ver em Miró o poeta que ele era até *Pedro do sono* (o surrealista), começa ver no pintor espanhol o poeta que no futuro ele, Cabral, seria, e ao fazer isto constrói um notável exemplo de *wishfull thinking* crítico.

Alguém pode alegar, usando essas categorias comuns no estudo estilístico das artes plásticas, mas Miró não era surrealista, senão um primitivo, um onírico, um abstrato.

Vejamos isto mais de perto.

Em 1947, Cabral – com 27 anos – foi ser cônsul em Barcelona e se encontrou naturalmente deslumbrado diante da figura de Miró. Como diria Bloom, era um "efebo" diante do mestre. Aproxima-se de alguns artistas de vanguarda espanhola, traduz poetas catalães e escreve um ensaio sobre Miró, ensaio sobre o qual ele mesmo dirá numa carta a Drummond em 9 de outubro de 1948: "Atualmente me preocupa mais um estudo sobre Miró, o pintor, que estou escrevendo... com ódio. Com ódio pela prosa e pela técnica da crítica".[30] Percebe-se que é um ensaio sofrido, até repetitivo, em que o poeta está se esforçando para produzir um texto racional sobre um autor em quem a racionalidade vem em segundo plano.

Consideremos algumas datas e contextos.

O texto deste ensaio sobre Miró é de 1950 e está sintonizado de algum modo com aquele referido ensaio sobre a função da poesia, "Poesia e

---

30 Sussekind, op. cit., p.228.

composição: a inspiração e o trabalho de arte", de 1952, apresentado na Biblioteca de São Paulo. Em ambos, João Cabral está fazendo a profissão de fé formalista, opondo a "dificuldade" à "facilidade". É uma conexão interessante de ser analisada. O poeta estava procurando seu caminho, tentando sair da caudal surrealista de Murilo Mendes e da vertente drummoniana presentes no seu primeiro livro de poesia, *Pedra do sono* (1942).

Nesse ensaio sobre Miró está nascendo o segundo Cabral: formalista, que luta ferozmente contra o primeiro, o surrealista. É um texto de projeção/elaboração de sua poética futura. Sintomaticamente, o ensaio sobre Miró tem em seu próprio texto duas vezes o subtítulo: "psicologia de sua composição". Pode-se perguntar: de quem é aquele "sua"? De Cabral ou de Miró? Ele está falando de Miró, mas profetizando a seu respeito, procurando a si mesmo no discurso alheio, num jogo de espelho revelador. Reveladoramente, enfatizo, o livro de poemas *Psicologia da composição* foi escrito entre 1946 e 1947.

É interessante lembrar, diante do termo "psicologia", Cabral tinha uma definição nada psicanalítica, nada junguiana de psicologia. Estava mais ligado à psicologia da forma, à *gestalt*. Quando Lauro Escorel, seu amigo e colega de Itamaraty, faz uma análise de sua poesia a partir de Jung, Charles Mauron, Bachelard, M. L. von Franz e Poulet, nosso poeta olhou isso um pouco assustado. Citar a psicocrítica de Mauron, referir-se aos "símbolos de transformação" que tanto agradaria a um surrealista típico, deixava Cabral inconfortável. Pois nele o que aflora progressivamente é aquilo que o próprio Escorel assinala: o "intelectualismo exacerbado", uma "resistência às seduções da própria sombra".[31]

Essas observações ganham mais densidade se tomarmos as confissões de Miró registradas por Gaetan Picon: "o ponto de partida é completamente irracional, brutal, inconsciente: eu parto como uma fera. Mas no dia seguinte – ou vinte anos depois, é a mesma coisa – de cabeça descansada, eu observo friamente. É a hora da autocrítica".[32] Nos "Carnets Catalans", no caderno "Une femme",

---

31 Escorel, *A pedra e o rio*, p.136.
32 Meurer, Um caderno de guerra de Joan Miró, *Tessituras & Criação*, n.1.

Miró diz: "Que minha obra brote de uma maneira natural, como o canto do pássaro ou a música de Mozart, sem esforço aparente, mas longamente meditada e trabalha do interior".[33]

Por isto, sigo dizendo que o ensaio de João Cabral sobre Miró é assimétrico em relação à obra analisada. O discurso que ele produz sobre o pintor parece ser feito para alguém da escola de Ulm ou da Bauhaus. Ao dizer que Le Corbusier foi quem mais o influenciou, João Cabral assinala: "Foi ele quem me curou do surrealismo, definido como arte fúnebre em seu livro *Quando as catedrais eram brancas*.[34] Com efeito, em *Museu de tudo* (1975), que tem uma capa geométrica do pernambucano Aloísio Magalhães, reafirma as relações formais e indica suas preferências estéticas. Cabral vai dedicar poemas a formalistas como Max Bense, Mondrian, Franz Weismann e, claro, à Escola de Ulm.

É bastante informativo que no seu ensaio sobre Miró diga que este se parece a um "pintor es-

---

33 Meurer, Um caderno de guerra de Joan Miró, *Tessituras & Criação*, n.1.
34 Secchin, op. cit., p.301.

sencialmente marcado pela preocupação de construir. Um quase Lhote".[35] Lhote é um pintor de fatura bem mais cubista, e no primeiro livro de Cabral há um poema dedicado ao Picasso cubista. Talvez seja por isso que o próprio Cabral aprecia o juízo de Antonio Candido, que o achava mais cubista do que propriamente surrealista.

É um esforço racionalista que denega, esvazia o onírico, o primitivismo, o lírico, o informal, o infantil e o irracional de Miró. Enxerga o "intelectualismo", a "vigilância e lucidez", "o excesso de razão", e, com isso, bem a seu modo, Cabral privilegia no pintor o "saber fazer" no lugar do "deixar-se fazer". Refere-se à máquina, à construção e à mecânica e nega qualquer traço psicológico.

O ensaio é de 1950, e a tese que está na conferência é de 1952, é exatamente do "fazer" em oposição à "emoção". A rigor, João Cabral está falando sobre si mesmo, procurando a si mesmo na obra do outro, obra que diverge essencialmente da sua. Este texto de Cabral é um extraordinário capítu-

---

35 *João Cabral de Melo Neto/Joan Miró*, p.89.

lo da crítica como *action writing*,[36] da crítica que se constrói como peça autônoma em relação ao modelo para se instituir como programa poético do próprio escritor e não do pintor. O poeta está falando do seu futuro e não do presente da pintura de Miró.

Por outro lado, poder-se-ia dizer que a análise da pintura renascentista que Cabral faz nesse ensaio sobre Miró é procedente. É, em parte, procedente e intrigante. Sem dúvida, a pintura renascentista é a arte da representação, da exploração da profundidade, da perspectiva, do equilíbrio, de um ponto de vista fixo. Para valorizar ou situar a modernidade de Miró, João Cabral estabelece um contraponto. Porém, interessado em valorizar a pintura moderna em relação à do passado, Cabral exagera e se equivoca ao dizer, por exemplo, que "na composição estética renascentista a linha está deliberadamente empobrecida". Estranha observação, e que carece de comprovação.

---

36 Trato amplamente desta questão na crítica de artes plásticas em *O enigma vazio: impasses da arte contemporânea*.

Claro que é igualmente discutível sua afirmação a respeito das "pobres e repetidas melodias da linha renascentista".[37]

Entretanto, por outro lado, ele tem razão ao dizer que Miró faz o avesso disso, elimina a terceira dimensão, a representação, e usa a fragmentação, sendo um colorista, um lírico, criando a libertação da moldura, enfim, como ele mesmo diz: "não existe uma gramática Miró". Dispensa dizer que, ao contrário, existe uma gramática Cabral.

Por isso, este Miró, para nosso espanto, é exatamente o "anti-Cabral". Da mesma maneira que é o "anti-Cabral" o Miró que Cabral assim descreve: "A obra de Miro é essencialmente uma luta para devolver ao pintor uma liberdade de composição há muito tempo perdida".[38]

Neste ponto não sabemos se Cabral está elogiando o seu avesso, e neste caso seu ensaio se converte num exercício de admiração invertida, ou está dialogando com o seu passado surrealista. Passado que ele já estava relegando quando partiu

---

37 Ver Brusatin, *Storia delle linee*.
38 *João Cabral de Melo Neto/Joan Miró*, p.110.

explicitamente para o formalismo, o construtivismo que estará futuramente em "Serial", "Terceira feira", "Quaderna", poemas que podem, paradoxalmente, estar próximos da matemática renascentista ou do conceitismo barroco.[39]

Duplo álibi

O termo "verso" originalmente significa voltar, dobrar-se, portanto, poesia é mesmo uma fala dobrada, dupla, e às vezes múltipla. Lembro isto porque me parece haver um duplo álibi na obra de Cabral. Embora explicitamente ele se refira tanto a Drummond, é, no entanto, a consanguinidade surrealista de Murilo Mendes que estará presente no seu primeiro e segundo livros. Sobejam aí imagens suas que lembram o surrealismo de Murilo, que por sua vez repercute os surrealistas europeus. É o poeta Cabral quem diz que "o mar soprava sinos", "uma mulher azul estava

---

39 No livro *Barroco: do quadrado à elipse*, abordo essa questão que desenvolvi também em conferência no Centro de Estudos Brasileiros em Buenos Aires, em 8 de novembro de 1999.

deitada/ que escondia entre os braços/ desses pássaros friíssimos/ que a lua sopra alta noite/ nos ombros nus do retrato".

As metáforas surrealistas lembram Murilo, e não Drummond, que nunca se sentiu à vontade nesse espaço, embora eventualmente algum surrealismo possa ser localizado em seus versos. Talvez Drummond fosse o espaço futuro que atraísse Cabral, e Murilo fosse o espaço passado do qual gostaria de se afastar. A verdade é que ele reconhece o débito que tem com esse poeta de Juiz de Fora, pois confessou que havia aprendido com ele a dar prioridade à imagem.

Esse álibi duplo – ou dupla paternidade? –, essa divergência entre o que o consciente quer e o inconsciente comanda, tem outra representação ainda na questão ambígua, às vezes limítrofe, entre a presença do surrealismo e do cubismo na obra de Cabral. Esses movimentos se misturam até mesmo na história das artes plásticas incorporando desde o hermetismo, o orfismo até o geometrismo e a colagem.

Embora se fale muito de surrealismo em sua poesia, no seu primeiro livro há um poema dedicado a Picasso. Nele, este se refere ao "esquadro" sugerindo o construtivista em progresso que iria dar em Mondrian/Cabral. Já Lauro Escorel assinalava: "enquanto o cubismo já começa a atraí-lo graças ao seu poder de reduzir o caos do sonho e do devaneio sentimental informe ao rigor e à harmonia clássica da composição geométrica".[40]

Busca de originalidade e modernidade

É curioso observar que em 1919, antevendo a efervescência modernista, Manuel Bandeira, em "Os sapos", diz: "não há mais poesia/ mas artes poéticas". João Cabral, trinta e quatro anos depois, na conferência de 1953, assevera: "pode-se dizer que hoje não há mais 'uma' arte, mas há artes, há poesias". São duas anotações sobre uma mesma síndrome da modernidade: a busca da originalidade. Os dois poetas – ambos pernambucanos –, pertencentes a duas gerações diversas, fizeram constatações semelhantes, mas partiram para respostas diversas.

---

40 Escorel, op. cit. p.7-8.

Assinalando que a modernidade fragmentou a solidez clássica, João Cabral afirma também que "o autor hoje trabalha à sua maneira", "ele tem que inventar seu modo de fazer". Sobre esta justa observação ele lança, no entanto, uma afirmativa que talvez não seja constatável. Ele se refere às "épocas felizes", quando se escrevia para os leitores; épocas em que havia uma "poética" e uma "retórica" em que os autores se baseavam.

Não creio que as épocas que nos antecederam fossem assim "felizes" por imporem regras estéticas definidas. Essa unidade estética e ideológica, essa idealização do outrora, talvez seja um romântico deslocamento do mito do "paraíso perdido". Assim como T. S. Eliot, reunindo tradição e modernidade, dizia que o verso só é "livre" para o mau poeta, encontrar uma gramática pronta é tão paralisante quanto encontrar, como hoje, a "ausência" de gramática, até certa agramaticalidade que Cabral via em Miró.

Sobre esse tema tenho me dedicado, em várias oportunidades, a estudar a questão da "transgressão na modernocontemporaneidade". Paradoxalmente, a "transgressão" virou uma "norma", um "cânone", uma "estética". Virou uma palavra de ordem, uma banalidade tão perigosa que se pode falar em um "museu da transgressão".[41] Assim, a agramaticalidade estética de hoje não seria mais que uma gramática na qual muitos se acomodam com ares de felicidade infeliz. Nossa época é prisioneira de oximoros paralisantes.[42]

Nessa linha de constatação, Cabral dá outra característica do poeta que ele representa e remete para a opção pessoal que fez: "o que se espera dele, hoje, é que não se pareça a ninguém, que contribua com uma expressão pessoal".

Seria possível a existência de um escritor que "não se pareça a ninguém"? Ou, para usar metáfora

---

41 Ver Sant'Anna, Museu da transgressão. In: _____, *Desconstruir Duchamp*; Sant'Anna, *O enigma vazio: impasses da arte contemporânea*; e Sant'Anna, Aspectos psicossociais e antropológicos da vanguarda. In: _____, *Que fazer de Ezra Pound?*.

42 Estes são os recursos retóricos que pavimentam o discurso dos pensadores franceses – Barthes, Foucault, Derrida e outros que fizeram a cabeça dos universitários a partir dos anos 1960. Oposições que prometem libertar e aprisionam o pensamento.

freudiana de Bloom, um filho sem pai, um filho que fosse pai de si mesmo?

Prefiro entrar nessa questão que retrata um dos impasses da poética moderna por outro viés, indagando: essa síndrome da "originalidade" não seria um atributo romântico de um momento da modernidade? Não seria uma ideologia de época, que, como tal, deveria ser analisada? Ao invés de termos um aparelho para medir o grau de "originalidade", como sendo um "valor" em si, seria mais esclarecedor entender de onde vem essa pulsão e ansiedade de originalidade. Faz-se necessário que se escreva outro livro sobre "a ansiedade da originalidade". Em certo momento recente, ser "original" passou a ser uma condenação, uma obrigatoriedade ideológica. Isso leva a um paroxismo, a uma ordem contraditória: "seja original", e, ao obedecer, num mecanismo de *double bind* (duplo enlace), o indivíduo está deixando de ser original.[43] Como diz Enzensberger, quando todos querem ser líderes, paradoxalmente,

---

[43] Trato desta questão epistemológica em Sant'Anna, *O enigma vazio: impasses da arte contemporânea*.

acaba-se constituindo uma manada, um rebanho de ovelhas.

Aconteceu, no últimos anos, dentro da ideologia que vulgarmente se chama de "pós-modernidade", uma modificação estética: a crise da originalidade. A originalidade, segundo essa ideologia, consiste em reescrever os outros, copiar.[44] Nos anos 1970 tratei disto em *Paródia, paráfrase & Cia*,[45] lembrando como no classicismo a imitação era a norma e como, contrastivamente, a paródia e a apropriação passaram a ser a palavra de ordem da modernidade. Na pós-modernidade, novamente o cânone é "copiar", "imitar", "reescrever", ou seja, a originalidade está em se meter na pele do outro, em uma antropofagia ao revés.[46]

---

[44] Este ensaio já estava pronto quando a *Folha de São Paulo* (de 24 de novembro de 2011) estampou uma matéria sobre o americano Kenneth Goldsmith, que publicou o livro *Uncreative writing*, fazendo uma vez mais a apologia da "cópia" no lugar da "criação".

[45] Sant'Anna, *Paródia, paráfrase & Cia*.

[46] Em *A cegueira e o saber*, tenho vários textos sobre isto, a exemplo da indagação de Pierre Bourdie: "quem cria o criador?".

Por outro lado, se formos levar em conta o que Cabral diz – "eliminação de tudo o que ele pôde localizar em outros" –, um dos mestres da poesia americana, Ezra Pound, seria logo eliminado, pois se apropriava, deixava nos seus poemas rastros de autores provençais, chineses etc. No caso da poesia brasileira, o longo poema "Invenção de Orfeu" de Jorge de Lima, segundo as exigências de Cabral, seria um poema invalidado. Com efeito, ali estão as citações e imitações intencionais de Camões, Ovídio, Homero e outros, num jogo muito moderno de paráfrase, paródia e apropriação.[47] Esta, no entanto, é a chave da complexa e contraditória "originalidade" de Jorge de Lima, o sustentáculo formal da obra que em certo trecho, em oposição ao ideário estético Cabral, diz:

> Pra unidade deste poema
> ele vai durante a febre
> ele se mescla e se amealha

---

[47] Embora um ou outro crítico tenha notado a presença de autores clássicos em Jorge de Lima, isto só ficou claro a partir da tese de Luiz Busato: *Montagem: processo de composição de* Invenção de Orfeu.

e por vezes se devassa.
Não lhe peças nenhum lema
que sua mágoa é engolida
e a vida vai desconexa
completando o que é teoria
andaime, saibro, argamassa

Portanto, expõe-se no discurso de Jorge de Lima algo diametralmente oposto ao que João Cabral pregava. É bom que seja, em favor da democracia poética, mas é relevante assinalar que *Invenção de Orfeu* é de 1953, e a conferência de João Cabral que estamos comentando é de 1952. Portanto, há duas práticas poéticas divergentes e talvez complementares, posto que enquanto João Cabral elogia o fazer racional, Jorge Lima lança mão de algo que se aproxima da epifania, conforme se depreende do texto acima transcrito.

Sintomaticamente, Jorge de Lima se aproximaria de Murilo Mendes (antigo modelo de Cabral), chegando até a fazer com Murilo um livro de poemas – *Tempo e eternidade*. João Cabral, fraternalmente, faria a seleção de poemas de Murilo para uma antologia prefaciada por José Guilherme

Merquior,[48] o mesmo Murilo surrealista que foi de Roma a Paris para assistir ao enterro de André Breton, em 1967.

A questão da epifania

Se levarmos ao pé da letra a poética construtivista de Cabral, chegaremos a um impasse no confronto entre sua posição radical e uma linhagem poética que inclui não apenas os antigos xamãs, mas autores na literatura mundial como James Joyce – estudado como "sintoma" por Lacan no Seminário XXIII. Por outro lado, para resumir, no plano nacional temos obras de Drummond, Jorge de Lima, Murilo Mendes, Manuel Bandeira, Cecília Meireles e, na prosa, dois mestres incontestes: Guimarães Rosa e Clarice Lispector. Recordando ao leitor que existem várias teses sobre o mágico/mítico/místico na poética de Guimarães Rosa, lembro também o estudo sobre epifania em Clarice,[49] que

---

48 Mendes, *Antologia poética*.
49 Sant'Anna, A paixão segundo G. H: o ritual epifânico. In: _____, *Que fazer de Ezra Pound?*; Sant'Anna; Colassanti, *Com Clarice*.

alicia sempre o desconhecido, o imponderável e o mágico. Ela afirmava, por exemplo, ao contrário da engenharia poética, que "não é colocando um pé depois do outro que se aprende a andar", ou então, afiançava: o "erro é o meu fatal modo de trabalhar". Sobre essa errância epifânica discorri também ao analisar a obra de Drummond, sobretudo o poema "A máquina do mundo".[50]

O fenômeno da epifania, objeto de estudo dos tomistas medievais, foi retomado por James Joyce: "pelo incorporar da *integritas* (integração do tempo e espaço numa visão única), da *proportio* (conhecimento da imagem pelo conhecimento de seus elementos e partes) e *claritas* (manifestação sólida, clara e tangível da harmonia formal)".[51]

Na verdade, aquela opção pela família racionalista, exposta por João Cabral na tese de 1952, torna-se discutível até mesmo diante da ciência, e não apenas no terreno da arte. Sem ir tão longe

---

50 Em *Drummond: o gauche no tempo*, analisei a questão da epifania na obra do poeta correlacionando-a com outros autores e até pensadores como Descartes.
51 Ibid., p.244.

quanto evocar o nome de Arquimedes (*eureka!*) e Isaac Newton (a maçã), recordemos que o químico Friedrich Kelulé, que descobriu a tetracovalência do carbono, valorizava o conhecimento epifânico do sonho resolvendo enigmas que a racionalidade não alcançava.[52] Por outro lado, a recente "teoria do caos" foi formulada por vários

---

[52] "Eu estava sentado à mesa a escrever o meu compêndio, mas o trabalho não rendia; os meus pensamentos estavam noutro sítio. Virei a cadeira para a lareira e comecei a dormitar. Outra vez começaram os átomos às cambalhotas em frente dos meus olhos. Desta vez os grupos mais pequenos mantinham-se modestamente à distância. A minha visão mental, aguçada por repetidas visões desta espécie, podia distinguir agora estruturas maiores com variadas conformações; longas filas, por vezes alinhadas e muito juntas; todas torcendo-se e voltando-se em movimentos serpenteantes. Mas olha! O que é aquilo? Uma das serpentes tinha filado a própria cauda e a forma que fazia rodopiava trocistamente diante dos meus olhos. Como se tivesse produzido um relâmpago, acordei; ... passei o resto da noite a verificar as consequências da hipótese. Aprendamos a sonhar, senhores, pois então talvez nos apercebamos da verdade." – Augusto Kekulé, 1865.

cientistas que incorporaram o acaso em suas observações.[53] Poder-se-ia recorrer a uma bibliografia mais ampla neste sentido, o que é desnecessário. Em um estudo anterior sobre isso, aludi ao fato de que mesmo um autor racionalista como o filósofo René Descartes admitia a presença do sonho como forma de conhecimento. Foi um sonho que lhe possibilitou escrever *O discurso do método*.

Para ampliar e dar mais consistência a essa discussão, tomo agora um clássico no assunto: *Homo Ludens* do holandês Huizinga, e o faço alargando a questão e aproximando logo poesia, jogo e magia.

Há uma correlação que salta à vista entre poesia e jogo, como assinala Huizinga: "o jogo tem lá suas regras e é uma ficção (verdadeira) tanto quanto a arte", por isso, "todo feiticeiro como o enfeitiçado são ao mesmo tempo conscientes e iludidos"[54] e "é nos domínios do jogo sagrado que a criança, o poeta e o selvagem encontram um elemento comum".[55]

---

53 Gleik, *Caos*.
54 Huizinga, *Homo Ludens*, p.27.
55 Ibid., p.30.

Recuperando a relação antropológica e cultural entre poesia, jogo e inconsciente, Huizinga acentua:

> a primeira coisa que é preciso fazer para ter acesso a essa compreensão é rejeitar a ideia de que poesia possui apenas uma função estética ou só pode ser explicada através da estética. Em qualquer civilização viva e florescente, sobretudo nas culturas arcaicas, a poesia desempenha uma função vital que é social e litúrgica ao mesmo tempo. Toda a poesia da antiguidade é simultaneamente ritual, divertimento, arte, invenção de enigmas doutrina, persuasão, feitiçaria, adivinhação, profecia e competição.[56]

Por isso,

> a verdadeira designação do poeta arcaico é *Vates*, o possesso, inspirado por Deus, em transe. Estas qualificações implicam ao mesmo tempo que ele possui um conhecimento extraordinário. Ele é o *sha'ir*, como lhe chamam os árabes. Na mitologia dos Eddas, o hidromel que é preciso beber para se transformar em poeta é preparado com o sangue

---

56 Huizinga, op. cit., p.134.

do Kvasir, a mais sábia de todas as criaturas, que nunca foi interrogada em vão. O poeta-vidente vai gradualmente assumindo as figuras do profeta, do sacerdote, do adivinho, do mistagogo e do poeta tal como o conhecemos; e também o filósofo, o legislador, o orador, o demagogo, o sofista e o mestre da retórica brotam desse tipo compósito primordial que é o Vates. Todos os poetas gregos arcaicos revelam vestígios de seu progenitor comum. Sua função é eminentemente social; falam como educadores e guias do povo. São os líderes da nação, cujo lugar foi mais tarde usurpado pelos sofistas.[57]

Esse texto de Huizinga, além de ser esclarecedor da função do poeta, amplia o próprio conceito de poesia que tende a ser restringido, senão empobrecido, por algumas poéticas da modernidade.

---

[57] Ibid., p.13. Tratei dessa relação entre a lógica sofística e a poesia em outros textos poéticos e outros ensaios mostrando como alguns poetas colocaram a teoria (o sofisma) no lugar da prática poética. Ainda num outro lance, demonstrei em *O enigma vazio: impasses da arte contemporânea* como parte da arte moderna se baseia em sofismas perfeitamente desmontáveis.

Tornou-se comum dentro dessas restrições citar sempre Mallarmé ("poesia se faz com palavras") e Pound ("*il meglio fabbro*") para reforçar o construtivismo, o formalismo, ou seja, o "fazer" em oposição à "emoção". Este é um pensamento de um setor da modernidade, que utilizando estrategicamente a "exclusão" do diferente é também histórica e teoricamente um mal entendido.

É todavia surpreendente como os contrários se encontram, como os opostos se fundem numa mesma moeda, como na ciência e na alquimia o caos e o cosmos se encontram pelo avesso. Huizinga, remontando aos *vates*, cita o exemplo de uma epopeia finlandesa *Kalevala*, onde o poeta percorre todo um submundo de águas e pântanos até que, sentando "na pedra da canção", canta durante mais de três horas.

Essa "pedra da canção" nos remete para a insistente metáfora da pedra presente em tantos poetas e, evidentemente, na poética cabralina. Neste caso, o canto duro, mineral, seco, racional, construtivista. Lembra-nos, complementarmente e por oposição, de que ele nomeou uma de suas antologias de *Duas águas*, separando assim dois tipos de composição: a "segunda água", menos preferida, por ser mais espontânea, vem na parte final do livro.

A água e a pedra, contudo, têm na sua poética conotações próprias. A poética de João Cabral manifesta sua ojeriza ao poema que irrompe, que jorra, como se fosse "a cristalização de um momento, de um estado de espírito". Ele se opõe ao poema sinônimo de "depoimento na qual o poeta é um pobre transmissor".

Aqui, para voltar ao círculo de suas afetividades, ele bate de frente, de novo, com seu conterrâneo Manuel Bandeira, que narrou em *Itinerário de Pasárgada* o sentido epifânico e irracional de sua criação. Assim, Bandeira relata a gênesis de seu famoso poema:

> "Vou-me embora prá Pasárgada" foi o poema de mais longa gestação em toda a minha obra. Vi pela primeira vez esse nome, Pasárgada, quando tinha os meus dezesseis anos, e foi num autor grego. Estava certo de ter sido em Xenofonte, mas já vasculhei duas ou três vezes a *Ciropédia* e não encontrei a passagem. O douto Frei Damião Berge informou-me que Estrabão e Ariano, autores que nunca li, falam na famosa cidade fundada por

Ciro, o antigo, no local em que vencera a Astiages. Ficava a sudeste de Persépolis. Esse nome de Pasárgada, que significa "campo dos persas" ou "tesouro dos persas", suscitou na minha imaginação uma paisagem fabulosa, um país de delícias, como o de *L'invitation au voyage* de Baudelaire. Mais de vinte anos depois, quando eu morava só na minha casa da rua do Curvelo, num momento de fundo desânimo, da mais aguda sensação de tudo o que não tinha feito na minha vida por motivo de doença, saltou-me de súbito do subconsciente esse grito estapafúrdio: "Vou-me embora pra Pasárgada!". Senti na redondilha a primeira célula de um poema, e tentei realizá-lo, mas fracassei. Já nesse tempo eu não forçava a mão. Abandonei a ideia. Alguns anos depois, em idênticas circunstâncias de desalento e tédio, me ocorreu o mesmo desabafo de evasão da "vida besta". Desta vez o poema saiu sem esforço como se já estivesse pronto dentro de mim.[58]

Numa análise mais demorada, poder-se-ia destacar nessa confissão de Bandeira a importância do acaso, da memória, da força do subconsciente

---

58 Bandeira, *Poesia e Prosa*, v.2, p.80.

sobre o racional, mas talvez seja interessante, em contraposição a esse, considerar um outro episódio em que Bandeira se refere à perda irremissível de um poema. Refere-se à "Oração no saco de Mangaratiba", que chama de "resíduo de poema", ou seja, o que restou do fato de ele não ter anotado um longo poema "que começou a fluir" e que lhe veio "numa espécie de subdelírio da extrema fadiga" numa viagem de barco e trem em 1926. Ele não anotou o poema, e desolado confessa: "nunca me consolei desse desastre".

Coda

O que fazer, enfim, de posições tão divergentes, de escolhas estéticas tão pessoais, feitas por autores tão relevantes do sistema literário? Até que ponto a teorização fica aquém da prática de certos criadores? Ou até que ponto a teorização pode limitar o exercício da criação artística?

O fato é que a estratégia da exclusão e da inclusão, sendo opções artísticas e epistemológicas, obedecem também a traços de temperamento. A história é feita da diversidade, da contradição e da complementariedade. Na historiografia literária há quem prefira trabalhar excluindo nomes e obras como se o *corpus* literário fosse uma gleba pessoal. Diferentemente, há quem procure compreender as diversas manifestações artísticas situando-as em seus textos e contextos.

O final do texto da conferência de João Cabral sobre a qual estamos dissertando caminha para uma constatação instigante. Reconhece que o poeta da "criatividade", da "objetividade", vai se apartando do mundo: "o poeta se isola da rua para se fechar em si mesmo ou se refugiar num pequeno clube de confrades", partindo para uma conclusão de certa forma patética: "na sua literatura existe apenas uma metade, a do criador. A outra metade, indispensável a qualquer coisa que se comunica, ele a ignora. Ele se julga a parte essencial, a primeira do ato literário. Se a segunda não existe agora, existirá um dia – e ele se orgulha de escrever para daqui a vinte anos.[59]

Paradoxalmente, em relação às suas próprias palavras, João Cabral não teve de esperar vinte

---

59 Bandeira, op. cit., p.14.

anos. Ele passou a ser assimilado por um público que transcendia os "confrades", quando "Morte e vida severina" foi musicado por Chico Buarque e teatralizado pelo TUCA de SP.[60] Mais do que o teatro, a música pela qual João Cabral tinha certa ojeriza veio em socorro da comunicação poética. No entanto, como se sabe, dentro de sua intransigência estética, essa parte de sua obra era por ele considerada "secundária", era uma espécie de "segunda água", pois era mais assimilável para o público. Ele chegou a dizer ironicamente naquele debate na PUC: "eu não posso ler, hoje, nenhuma sequência de 'Morte e vida severina' sem que a música me fique soando no ouvido. Hoje eu estou resignado a tirar das minhas *Poesias completas* o auto de Natal 'Morte e vida severina', pois creio que ele pertence mais ao Chico Buarque que a mim".[61]

---

60 Em *Música popular e moderna poesia brasileira* registrei o revelador depoimento de Cabral num debate na "Expoesia" (PUC/RJ) em que estavam Chico Buarque, Gilberto Gil, Macalé e Ronaldo Bastos.

61 Ver Sant'Anna, *Música popular e moderna poesia brasileira*, 2013, p.208.

Terminando esse ensaio forçoso é observar que dois anos depois da conferência em que divide os poetas em duas famílias, João Cabral voltou a teorizar sobre poesia. Desta fez elaborou um texto chamado "Da função moderna da poesia". Ainda estudante de letras, me pus a analisar esse texto e a expor minhas perplexidades num livro juvenil intitulado *O desemprego do poeta*.[62] Constatava que Cabral, como poeta da "expressão", no entanto, preocupava-se – pelo menos teoricamente – em se comunicar. Naquele texto ele dizia que os poetas de seu tempo não haviam se apoderado dos meios de comunicação de sua época, como o rádio. Comentava: "os poetas não só desprezaram os novos meios de comunicação a seu dispor pela técnica moderna; também não souberam adaptar a condições da vida moderna os gêneros capazes de serem aproveitados".

Depois do rádio, do qual Cabral sintomaticamente não se aproximou, vieram a televisão, o computador, a internet, o tablet e outras formas eletrônicas de comunicação. Alguns poetas tentaram esses

---

62 Sant'Anna, *O desemprego do poeta*.

novos suportes, embora Drummond, ironicamente, nos dissesse: "a poesia é incomunicável".

Drummond se equivocou, a aceitação de sua obra é a prova de que ele se comunicou. Cabral, a seu modo, também se comunicou.

Na poesia o incomunicável se comunica.

Na poesia a magia ultrapassa os limites da engenharia.

Como ler a poesia de Carlos Drummod de Andrade

Tendo que ministrar um curso na Casa do Saber, no Rio de Janeiro, em 2012, intitulado "Como a ler a poesia de Carlos Drummond de Andrade", me vi obrigado a refazer o caminho da "leitura" que, entre 1965 e 1969, havia feito de sua obra e a rever a questão da "leitura" que outros fizeram de sua poesia. O livro *Drummond: o* gauche *no tempo* – hoje em quinta edição pela Record – havia sido publicado pela primeira vez há exatamente quarenta anos pela Editora Lia, pelo saudoso Leo Victor, quando, em 1972, celebravam-se os 50 anos do modernismo e os 70 anos do poeta. O livro foi lançado no Teatro Ipanema, num espetáculo de que participaram Rubem Correa, Ivan Albuquerque e outros atores do grupo.

Consideremos: o título do curso parece ser de uma obviedade irritante. Como é que alguém pode querer ensinar a ler a poesia de um dos autores mais "lidos" em nossa língua?

Então, os leitores que estão "lendo" Drummond, não estão lendo Drummond? A questão parece simples, mas é simplesmente complexa.

Ler a leitura que se faz de algo é uma dupla atitude, é, como dizem na universidade, uma metaleitura, como ler uma radiografia, ver o que não se vê aparentemente. O que vou fazer aqui é mais que uma releitura, é uma metaleitura de minha própria leitura e da leitura alheia, e digo logo uma coisa entre o surpreendente e o estapafúrdio: por vezes a leitura que fazemos de um texto (ou fenômeno) se torna mais compreensível e transparente muito tempo depois que a produzimos. Isto é o mesmo que dizer que produzir uma leitura nem sempre é sinônimo de que compreendemos integralmente o próprio processo em que nos metemos. No meu caso, alguns anos depois de realizar a leitura da poesia de Drummond me senti inteirado e capacitado a compreendê-la melhor. Creio que hoje, mais de quarenta anos depois, estou pronto para defender a tese que defendi em 1969 na Universidade Federal de Minas Gerais. Quanto mais fazia conferências por todo o país e no exterior sobre a obra do poeta itabirano, mais clara se tornava a própria leitura, como se fosse possível redescobrir o que já havia descoberto.

Isto significa que no trabalho crítico há algo comum a todo processo de criação. Assim como um poeta não se dá conta de todos os processos que colocou em movimento, também o analista, por mais conhecimento que possua, não controla todo o sistema que utiliza. É possível, como no meu caso, que revendo o trabalho anos depois, perceba nele coisas que não havia percebido, embora lá estivessem.

Esperando que isto não esteja muito confuso, tento me explicar.

Consideremos o que poderia ser uma platitude. Há uma infinidade de tipos de leitura que podem, em princípio, ser agrupados em duas categorias: a *leitura do leitor comum* e a *leitura do leitor profissional*.

Leitura do leitor comum. Decorre de várias motivações. Pode o leitor se acercar emocionalmente de um poema que descobriu por acaso. Tal leitor pode ser também um leitor contumaz: que lê para curtir, para sentir o mistério e/ou a magia de palavras comuns que, quando usadas pelos escritores, dizem coisas que o leitor não pode ou não sabe dizer por ele mesmo.

Este é o que eu chamaria de *leitor em estado puro*, se é que existe tal coisa. Ele lê para ser lido pelo texto que o lê.

Leitura do leitor profissional. Aqui cabe um novo conceito de leitura: a leitura como crítica e/ou interpretação. Esse tipo de leitura se descola da leitura ingênua e espontânea e pretende ser mais "profunda". Busca um entendimento mais racional e técnico. Tenta-se aí explicar o efeito que o texto produziu no leitor. É feita por professores, por resenhadores de livros, por ensaístas. Essa leitura pretende ser informativa e explicativa em vários sentidos e lida com o texto e com o contexto. Na maioria das vezes é uma "paráfrase" do texto, uma maneira de dizer o que está na obra, porém de outra forma, como se o leitor/crítico fosse uma espécie de intérprete.

Evidentemente, esse segundo tipo de leitura tem vários matizes e pode se desdobrar de múltiplas maneiras que implicam um grau crescente de complexidade. Tentaremos caracterizar algumas dessas leituras para, posteriormente, assinalarmos as características da leitura que realizamos da poesia de Drummond.

Correndo o risco de uma categorização sumária, eis os tipos de leitura encontráveis em torno da obra desse poeta:

1. *Leitura historiográfica*: aqui se localiza a época em que viveu o autor, as revistas e jornais nos quais colaborou, a geração a que pertence. Faz-se um levantamento de sua participação no modernismo brasileiro, sua localização na literatura, na vida política e social, tanto quanto a sequenciação de suas publicações.

2. *Leitura estilística*: é um tipo de estratégia que vigorou nas Faculdades de Letras e jornais até os anos 1970 e que consistia em destacar sobretudo os torneios estilísticos das frases. São leituras pontuais de certos poemas e comportamentos formais. Assim se estudava, por exemplo, como Drummond, apesar de modernista, utilizava a rima (estudo de Hélcio Martins), de que maneira desenvolvia o processo de repetição de palavras

(tese de Gilberto Mendonca Telles) e como utilizava a técnica da "palavra-puxa-palavra" nos poemas (segundo Othon Moacir Garcia).

3. *Leitura fenomenológica*: em parte ainda no espaço da estilística e uma espécie de quase estruturalismo, busca perceber extratos da composição do poema. O exemplo melhor é o de Maria Luiza Ramos, que aplicou no poema "Elegia", de Drummond, a teoria e técnica de Roman Ingarden. Tal leitura divide o texto em estratos fônicos, morfossintáticos, objetos representados e qualidades metafísicas.

4. *Leitura filológica e linguística*: tem certo parentesco com a abordagem estilística, no entanto, detêm-se em estudar o vocabulário e variação lexical e evolução da língua no autor.

5. *Leitura comparada*: procura paralelos e/ou afinidades entre Drummond, Valery, Supervielle, Dante, Camões, Molière etc. É uma maneira de se acercar da obra dos autores por meio de um jogo de espelhos em que sobressaem afinidades e divergências.

6. *Leitura formalista*: se detém no aspecto das formas poéticas utilizadas pelo autor ou no seu caráter

"inventivo", procurando ressaltar sua originalidade ou sua linhagem numa história das formas literárias.

7. *Leitura comparativa com outros gêneros*: ressalta-se a relação entre poesia e artes plásticas, poesia e cinema, poesia e jornalismo, poesia e teatro, poesia e música etc. É um tipo de crítica paralela, um modo de conhecer uma coisa por meio de outra.

8. *Leitura biográfica*: privilegiando a biografia do autor, descreve sua formação e os passos de sua obra, suas relações sociais, políticas e amorosas, contextualizando o texto.

9. *Leitura temática*: destacando na obra do poeta temas que sobrenadam em seus textos: família, terra, cidade, erotismo, cromatismo, ironia, o pai, a solidão, memória, infância, história etc.

10. *Leitura interdisciplinar*: aspectos psicológicos, filosóficos, sociológicos, geográficos, religiosos, políticos e econômicos. Trata-se de espelhar uma disciplina (a literatura/poesia) em outra.

É possível que existam outras leituras de Drummond. Por outro lado, alguns estudos mesclam uma estratégia com outra. Todas essas leituras pretendem ser uma contribuição para o entendimento do autor.

Minha leitura

Sempre disse aos alunos que faziam tese de mestrado e doutorado comigo que havia duas possibilidades ao se aproximarem de seu trabalho: ou empenhavam-se formalmente para conseguir o título almejado ou jogavam-se existencialmente no tema, autor e obra, convencidos de que aquele investimento intelectual iria modificar também sua vida, pois, ao analisar a obra de alguém, estavam tendo oportunidade de passar em revista não só o próprio conhecimento adquirido, mas sua própria filosofia de vida. Portanto, abusando do trocadilho: uma tese não é uma hipótese, nos melhores casos é um rito de iniciação.

Ao ler sistematicamente, entre 1965 e 1968, o que havia sido escrito sobre Drummond e ao estudar sua obra, tive várias sensações ao mesmo tempo: primeiro, que as leituras críticas se repetiam. Isto, em princípio, é natural. Seria impossível que cerca de seiscentos textos sobre ele (na década de 1960) fossem sempre originais. A maioria era uma "declaração de amor" em forma de resenha ou crítica. Em geral, os autores desses textos não conseguiam "formalizar" seu pensamento, eram atestados da admiração e louvor ao poeta extraordinário que tinham diante de si e limitavam-se a estudar, por vezes brilhantemente, poemas isolados e não toda a obra, sendo que, quando se referiam à obra em geral, não produziam um conhecimento novo. Em síntese, o texto do poeta me dizia mais coisas do que seus intérpretes. A transposição para a prosa ensaística até enfraquecia o que a condensação mágica da poesia oferecia.

Pode-se dizer que os ensaios sobre sua obra se dividiam em dois grupos, assim configurados:

Grupo 1: estudos que privilegiavam *imagens substantivas/concretas*: fazenda, pai, cidade, família, Itabira, ilha, infância, historia, poesia (*Ars Poetica*) etc.

Grupo 2: estudos que privilegiavam *imagens/ inquietações adjetivas*: solidão, incomunicabilidade, preocupação social, ironia, erotismo, maturidade, procura, amor, memória etc.

Os estudiosos dissertavam especificamente sobre esses temas, imagens e sentimentos, tentando ver o todo na parte. Eram, em geral, trabalhos tópicos, temáticos, estilísticos. Quando relacionavam alguns dos elementos substantivos e adjetivos não formalizavam um *modelo* interpretativo do conjunto.

A parte inicial do meu trabalho foi intuitiva e em aberto, como quem joga uma rede para colher tudo o que mar pode oferecer. Em seguida, tornou-se algo mais específico: comecei a fichar toda a obra do poeta, poema por poema, livro por livro. Iniciei, como quem dá um balanço num almoxarifado ou num arquivo disperso, um trabalho de anotação de tudo o que estava na superfície, sobrenadando nas frases dos poemas. Não havia necessariamente uma ordem nisto, era algo como aquela enciclopédia estranha e meio anárquica a que aludia Borges.

Nessa parte do trabalho, anotei em centenas de fichas todos aqueles temas que a crítica dizia existirem, todos os torneios retóricos, estilísticos, ou seja, mapeei o que diziam, o que não tinham dito e o que eu estava descobrindo, mas isso, evidentemente, ainda não bastava. Poderia ficar por aí, já seria um levantamento razoável de obra naquelas alturas, entre 1965 e 1969, quando só duas teses haviam surgido sobre Drummond.

Ocorreram então os seguintes momentos/movimentos, que hoje, a distância, vejo mais claramente na estruturação de minha análise:

1) *Surgimento dos pares*: depois de um amplo levantamento de tudo aquilo que sobrenadava na superfície do texto e do contexto drummoniano, percebi, como numa reação química, que certos elementos se procuravam, se atraíam, se complementavam formando pares. Iniciava-se a primeira descida a uma camada menos visível dessa obra. Ela começava a se organizar aos olhos do analista, como no microscópio as células de um organismo começam a se aglutinar em busca de um sentido e/ou vida. Alguns desses pares, por exemplo, eram:

1- província/metrópole
2- campo/cidade
3- fazendeiro/burocrata
4- pai/filho
5- Itabira/Belo Horizonte
6- Itabira/Rio
7- Brasil/Europa
8- janela/rua
9- ilha/continente
10- espiar/contemplar

11- lagoa/mar
12- interior/exterior
13- pequeno/grande
14- escuro/claro
15- noite/aurora
16- mar noturno/farol
17- mariposa/luz
18- amor/morte
19- metrópole/necrópole
20- destruição/reconstrução
21- poesia/memória
22- essência/aparência
23- tudo/nada
24- instante/eternidade
25- poesia/jogo
26- vida/teatro
27- etc. (Digo etc. porque foram centenas de itens/fichas anotados)

Ao mesmo tempo em que descobria a tensão entre os pares que se solicitavam, selecionei os que me pareciam mais fortes, mais informativos. Havia uma percepção de que esses pares selecionados tinham a característica daquilo que futuramente eu ia conhecer na linguística e nas análises de mitos como "elemento marcado" e "elemento não marcado". Ou seja, havia algo explícito e implícito, mais ou menos exposto, um "dito" e "não dito". Os elementos desses pares podiam estar *in presentia* ou *in absentia*.

A seguir parti para uma estratégia quase ausente da crítica brasileira, que é a *estilística quantitativa*. Inspirava-me nos estudos de Pierre Guiraud. Ele havia registrado em Rimbaud, Baudelaire, Mallarmé, Valéry, Claudel e Apollinaire que o substantivo aparecia mais que adjetivos e verbos. Havia até mesmo contado que Baudelaire tinha, por exemplo, um vocabulário de 25.500 e Claudel, 50 mil e explicava o que eram "palavras--temas". Por outro lado, G. A. Miller fazia uma contagem curiosa. No seu *Language and comunication* (1963) chegava ao requinte de contabilizar como escritores dos séculos XVIII, XIX e XX usavam o ponto, o ponto e vírgula, os parênteses, as interrogações etc.

Baseado nesses e noutros exemplos, tomei um rumo próprio. Tentei ver o que a obra drummoniana me propunha. Iniciei a contagem estatística dos principais referentes dessa poesia: província/

metrópole, referentes cromáticos (claro/escuro) e metáforas relativas à água em suas múltiplas aparições. Esses referentes condensavam muitas informações, eram a síntese da síntese.

Poema por poema, livro por livro, esses dados *quantitativos* indicavam dados *qualitativos*. A estilística quantitativa fazia o aspecto material dialogar com o imaterial, o objetivo como subjetivo, o poético com o estatístico. Posteriormente eu ia me dar conta de como a estatística confirmava as anotações sobre os sentimentos metafísicos. Esta era uma percepção rica e perturbadora, a aliança entre a quantidade e a qualidade, assunto caro à dialética e à filosofia.

Se a estilística quantitativa era praticamente ignorada nas análises de obras no Brasil, naquela época também não conhecia nenhuma experiência entre nós que levasse tal levantamento ao terreno da informática. Em 1970, criando a pós-graduação de Letras na PUC/RJ, iniciei pesquisas no Rio Data Centro com a ideia de montar ali um banco de dados sobre literatura brasileira.

Comparado com o que existe nesse campo hoje, era tudo muito primitivo. Os computadores eram enormes, ocupavam cômodos imensos nas empresas. Você só poderia perguntar ao computador o que de antemão já sabia. O processo era o de cartões perfurados nos quais deveria marcar o que futuramente eu gostaria de ver confirmado. Neste sentido, forneci aos computadores os dados que tinha e ele me devolveu a ilustração visual do que ocorria no interior da obra estudada. Essa visualização era preciosa.

Assim, enriquecendo a tese já defendida (em 1969), a primeira edição de *Drummond: o gauche no tempo* trazia diversos gráficos executados pelo computador ilustrando os dados estatísticos, estilísticos e estruturais levantados. Em outros termos, assim como aqueles pares anotados mantinham uma *tensão informativa* sobre os sentidos da obra em estudo, a análise quantitativa iria me conduzir a *conclusões qualitativas,* dizendo-me que alguns sentidos latentes nessa poesia poderiam ser mais bem apreendidos quantitativamente.

No meu estudo estão diversos gráficos resultantes das estatísticas em cada livro de poesia que, naquela época, englobava a obra de Drummond, publicado sob o título de *Reunião* (1969).

Outra percepção também surgia ao tempo em que a tese estava em elaboração: não só os elementos se reuniam aos pares e podiam ser quantificados, mas surgiam como *variáveis* de um *sistema* que os reunia e os trespassava, dando-lhes coerência. Uma coisa era anotar um ou outro par isolado, outra era correlacioná-los procurando uma identidade entre eles. Além das *variáveis*, havia uma *invariante* que atravessava todos esses elementos: a do *tempo*. As noções, por exemplo, de província/metrópole, de lagoa/mar, de claro/escuro ou de amor/morte iam se modificando na medida em que o tempo transcorria. Estruturalmente, a *invariante* (tempo) puxava ou ordenava todos os temas antes espalhados ou dispostos apenas aos pares. Tempo/espaço passaram a ser o ímã, a força gravitacional e crítica de todo o trabalho. A pesquisa, portanto, havia saído de um deslizamento pela superfície do texto, por onde anda a estilística e a crítica interessada em temas, aspectos retóricos e tópicos, mas se concentrava no núcleo invisível ou ausente aos olhos do leitor e do analista comum, e que a *análise estruturadora* presentifica.

Na época eu não trabalhava com os conceitos de *sistema*, *variáveis* e *invariante*. Depois de publicada a tese e de ter me acercado mais do estruturalismo, esses termos ganharam consistência. Estava, portanto, fazendo uma análise estrutural *avant la lettre*.

É relevante fazer aqui uma observação pessoal que tem correlação com o estudo desenvolvido, sobretudo com a questão do tempo. Surge algo interessante em relação ao método de pesquisa, à obra analisada e à trajetória do analista. Dei-me conta disso depois de ter escrito aquele livro e ministrado aquele curso na Casa do Saber/RJ. Há, portanto, uma análise da análise, um método em progresso. Em geral, os estudos e análises não revelam este aspecto, o que é uma falha metodológica e até epistemológica. É preciso sempre saber de que lugar, de que ponto de vista o observador está se expressando. Assim como os planetas têm suas conjunções ou épocas mais propícias para serem observados, há fases em que a colocação do observador dentro do sistema é mais favorável e até coincidente para a análise. A metáfora astronômica tem a ver com isso. Os estudos na área da

Física sobre a localização do observador em relação ao fenômeno (como os de Einstein e Heisenberg) explicam parte do que estou tentando dizer.

Sendo mais claro: a percepção da problemática do tempo – na ocasião em que fazia a tese – me ocorreu porque, existencialmente, eu também estava redescobrindo o tempo e o espaço. Portanto, esta não era uma questão exterior a mim. Vivendo pela segunda vez no exterior, em Iowa, numa cultura diferente da minha, aproximando-me dos 30 anos, estava dando um balanço geral na minha visão de mundo. Enquanto eu estudava o "outro", também estudava a mim. E eu tinha consciência disso. Eu não poderia perceber na obra alheia essa invariante se ela não fosse um reflexo, produto também de minhas inquietações. Houve, portanto, uma sincronicidade, uma simbiose, uma superposição de perspectivas. Eu estava em condições ótimas para minha análise, o texto e contexto se imbricavam.

Os cientistas sabem que suas descobertas ocorrem em momentos de conjunção/confluência, quando a percepção se torna mais aguda. Por que só Arquimedes inferiu uma lei da física a partir da experiência na banheira? Por que só Newton percebeu que na queda da maçã havia uma lição? Por que tantos olharam as nuvens, os regatos e a torneira pingando água e só Mitchell Feigenbaum foi capaz de fazer a teoria do caos, organizando o acaso e o caos cientificamente?

No curso dado na Casa do Saber eu havia fornecido alguns elementos sobre essa conjunção espaço-tempo entre o analista e a obra analisada, a exemplo da crônica "Fazer 30 anos", em que indiretamente descrevo o que é a descoberta do tempo para o indivíduo. Ao escrever este texto agora, eu ia deixar isto de lado e me perguntei por que estaria negando por escrito o que havia oralmente dito aos alunos. Concluo que este texto é uma obra em progresso. Assim como a análise que fiz há cerca de quarenta anos não é estática no tempo e no espaço, tal análise foi se tornando mais viva com o curso. E uma simples crônica me faz pensar, repensar e digerir, como o boi ("Boitempo", de Drummond). Na escola se aprende que o boi tem quatro estômagos e volta sobre o mastigado várias vezes.

Reafirmo que isto não é uma divagação pessoal, como parecia à primeira vista. Isto é enfrentar a questão do método em terrenos, em geral, ocultados do público. O elemento pessoal, psicológico, pode ser um obstáculo intransponível, como pode facilitar a conjunção analítica.

Nessa altura não eram mais suficientes as análises literárias, retóricas e estilísticas, e me vi lançado ao estudo do *tempo*,[1] seja na literatura, seja na filosofia, seja na ciência. A interdisciplinaridade se impunha. Proust, Bergson, Cassirer, Bachelard, Einstein, Heisenberg, Bohr e as mais variadas teses escritas sobre o tempo, fossem o enfoque em El Cid, Beckett, Virgílio, Borges, Machado, Joyce, Eliot, Faulkner, Pessoas etc. passaram a me interessar.

Se fosse possível ilustrar graficamente esse movimento que a poesia analisada refletia, seria algo como uma grade onde estariam de um lado todos os temas, motivos e recursos estilísticos trespassados por três linhas temporais: *presente*, *passado* e *futuro*, mas com setas indicando as respectivas di-

---

[1] Posteriormente, no dia 25 de setembro de 2000, fiz uma conferência chamada "A reinvenção do tempo na literatura", dentro do seminário "A construção do tempo", no Planetário do Rio de Janeiro, onde expus algumas ideias a respeito.

reções. As direções aparentemente divergentes entre passado e futuro, no entanto, acabariam condensadas numa noção de duração, fluxo contínuo que é o presente lírico-poético.

Como consequência, primeiro porque estava superando os *pares*, segundo porque a categoria *tempo* só pode ser entendida em sua correlação com o *espaço* como um *continuum* (tempo/espaço), desdobrei o estudo do espaço em vários autores e no próprio Drummond. A sintética afirmativa de Novalis, que havia encontrado numa epígrafe citada por Paulo Mendes Campos: "Tempo é espaço interior, espaço é tempo exterior" articulava tudo. Imagens espácio-temporais disseminadas na obra do poeta podiam ser agrupadas até de uma forma que ia do particular para o geral: "corpo", "espelho" e "retrato", passando por "casas", "edifícios" e "cidades" e aliciando outras como "canto", "gaveta", "arquivo", "baús", "armário", "mala", "máquina" etc. Mais que simples palavras, esses termos passavam a ser *espaços* a serem analisados em sua riqueza de implicações.

Essa crescente entrada na camada mais profunda da obra levou a outra observação: certas imagens, assuntos e temas sofriam uma metamorfose na sequenciação da obra. Era como se houvesse um vaso comunicante entre certos termos de significados diferentes. A palavra "rosa", por exemplo, pertencia, em certos poemas, à significação de "luz", "diamante", "orquídea", "poesia" e "memória". Surpreendi-me com o não isolamento das imagens e a conexão estrutural entre elas. Estava diante do que chamava *imagens continuadas*. Certos significados trespassavam várias metáforas, assim, havia conexões expressivas entre termos aparentemente distantes, os quais a poesia reconfigurava.

Nos estudos literários é comum se utilizar a categoria "eu lírico" para mostrar a universalidade de certos traços do poeta. Assim isola-se tecnicamente a biografia e aproxima-se mais da objetividade. No entanto, eu estava diante de algo mais denso e informativo dentro do caráter sistêmico da obra analisada: havia um personagem latente que articulava todo esse universo de perplexidades, um *personagem/persona*, um "Eu", o qual era um "avatar", um simulacro do poeta desenvolvendo uma peripécia no tempo e espaço. O tempo e o espaço não eram categorias soltas, mas uma experiência humana indissolúvel dentro do indivíduo. Esse indivíduo estava se exibindo na primeira estrofe do primeiro poema do primeiro livro: o personagem *gauche*, o qual era estruturalmente crucial para aglutinar toda a obra.

Isso me pareceu gritante, pois nunca havia visto isso tão ostensivamente em nenhum autor. Claro, o poeta não havia premeditado, não havia pensado, na década de 1920-1930 quando escreveu o poema que abre seu primeiro livro e sua obra, que se colocasse abertamente esses dados iria facilitar a tarefa de seu analista. Mas quando ele começa a repetir nos poemas aqueles traços anunciados e quando anota, conscientemente, no texto embaixo da foto de sua família "1915. Carlos Drummond de Andrade (primeiro à esquerda)", já estava trabalhando a própria representação *gauche*.

De repente, toda a teia de temas anotados esparsamente pela crítica e por mim ganhou sentido numa rede. Foi como se num só tecido duas coisas se complementassem: a *urdidura* e a *trama*. A urdidura é o conjunto de fios horizontais de um tecido que cruzam e ganham consistência quando os fios da trama cruzam o conjunto transversalmente.

Tecnicamente, poder-se-ia dizer que sintagma e paradigma se articulavam. Toda a obra era um *sistema* no qual as peças, antes soltas, se articulavam. Eu não estava delirando, não estava inventando, o que eu descobria estava no texto, expresso, explícito. A microanálise do texto, como num microscópio, apontava as palavras fundamentais do autor que agrupam um sentido implícito em seu discurso poético.

Havia, portanto, saído da leitura inicial dispersa, passado pelo segundo estágio da leitura dos pares, avançado e descoberto a *invariante* que ordenava outros temas e tinha agora algo ainda mais consistente: um *personagem*.

Que personagem era este? Como caracterizá-lo?

Lembro-me de ter lido num dos ensaístas do *new criticism* americano que o crítico funciona como um astrônomo. Olhando o céu demoradamente, ele começa a ver sua organização. É assim que o céu é um texto para quem o sabe ler: surgem surpreendentes centauros, escorpiões, ursas maiores e menores. Os índios brasileiros também veem o céu, veem outros animais de acordo com seus valores cosmogônicos. No entanto, é preciso ter cautela, não se pode simplesmente decretar que o céu (ou a obra) tem essa ou aquela figura. Há uma questão de verossimilhança. A observação tem de ser constatada empiricamente.

Estava tudo expresso na poesia à minha frente. Melhor e mais espantoso: as informações estruturadoras e o estudo estavam na primeira estrofe do primeiro poema do primeiro livro: o personagem era *gauche*, tinha nascido sob as ordens de um "anjo torto" e vivia na "sombra". Não bastava anotar essas características. Tecnicamente, elas exigiam uma formalização, sem a qual continuariam no nível de impressões. Sob as palavras "*gauche*", "torto" e "sombra", configuravam-se elementos objetivos operacionais: espaço, forma e cor. Entretanto, isso ainda podia ser mais bem formalizado. Era necessário sair do impressionismo crítico, então cheguei a essa tríade que universalizava aqueles atributos do personagem: *topologia*, *morfologia* e *cromatismo*.

O personagem desenvolvia uma peripécia no espaço, tinha uma forma e as cores ilustravam seu drama. Tinha agora nas mãos os instrumentos objetivos operacionais para trabalhar. Outras disciplinas vieram em meu socorro. Poderia compreender melhor o que estava disperso nas análises: o *gauche* psicológico e sentimental; a *displaced person* geográfica e cultural e o *excêntrico* literário e social. Texto e contexto se informavam, poesia e vida se completavam. A análise extraía da obra uma estrutura e não simples impressões.

O leque foi se abrindo. Sinônimos de "*gauche*", "torto", "sombra" e exemplos de "excêntricos" e *displaced* se multiplicavam. O campo semântico se expandia. Confirmando a vocação dramática dessa poesia, o personagem *gauche* usava várias *máscaras*, cada uma com uma função conforme os atos e quadros do drama: "José", "Robson Crusoé", a "bruxa", o "elefante", a letra "K" etc. Essas máscaras eram *variáveis* de um sistema de representações. Representações que usavam disfarces nominais (como "Carlos" e "Carlitos") e pronominais (eu, tu, você). Estava me aproximando de um núcleo de significados: se todo poeta tem um dramaturgo dentro de si e na poesia há monólogos, diálogos e uma representação, restava entender essa *dramatis personae* no *theatrum mundi*.

A obra do poeta podia ser compreendida, então, como uma peça de teatro em três atos que haviam sido nomeados (inconscientemente?) por ele, em lugares diferentes dos seus livros e que cabia ao crítico apontar, agrupar. Todas as oposições anteriores se condensavam na oposição paradigmática "*Eu* versus *mundo*". O que até então outros anotaram de maneira geral podia ser formalizado, podia ser condensado numa fórmula, numa tensão dramática. Digo *fórmula* como poderia dizer *modelo*. Certas fórmulas ou certos modelos construídos pela ciência têm a virtude de condensar e de representar uma realidade "ausente". A fórmula final de Einstein sobre a relatividade sintetiza e representa uma realidade que se presentifica e se torna compreensível na equação exposta: $E=mc^2$.

Na época da escrita da tese eu não havia entrado a fundo na obra de Lévi-Strauss para saber como ele visualiza, como ele "dava a ver" a estrutura da organização social dos índios brasileiros, como extraía modelos sintéticos que explicavam a passagem do cru ao cozido e da natureza à cultura. De minha parte, conseguia visualizar e dar consistência estrutural e estruturante àquilo que antes estava esmaecido e não configurado. A fórmula, a equação, o modelo que a obra do poeta sugeria era este: estava diante de um fluxo contínuo no tempo e espaço e de um ator específico que representava uma peça de teatro em três atos:

1. *Eu maior que o mundo* ("mundo mundo vasto mundo/ mais vasto é meu coração" – "Poema de Sete Faces").
2. *Eu menor que o mundo* ("não, meu coração não e maior que o mundo,/ é muito menor" – "Mundo Grande").
3. *Eu igual ao mundo* (" o mundo é grande e pequeno" – "Caso do Vestido").

As palavras dessa *equação* eram do poeta. Como um analista, eu estava pontuando para o paciente o que ele mesmo dizia. Essas palavras estavam dispersas na obra, mas faziam parte de um sistema rigoroso, tão rigoroso quanto é o sistema que coordena o caos do inconsciente.

As dezenas de temas e tópicos de sua obra passavam por esses três momentos com características muito especiais (as "imagens continuadas", por exemplo) que reafirmavam ao conjunto. As três divisões ou fases da obra do poeta podiam ser vistas de outra maneira e não se limitavam à cronologia e aos títulos de seus livros.

Nessa altura eu não estava mais lidando com as *díades*, mas descobrindo as *tríades*. Não estava apenas reunindo os pares, mas percebendo outro elemento mediador de tempo/espaço que tornava visualizado o sistema que tinha à minha frente. Havia passado do dois ao três. Da antítese à dialética.

Forçoso nessas alturas é introduzir aqui uma observação sobre essa leitura regressiva e progressiva que estou realizando. Digo "estou" porque ela continua a ser feita não apenas entre 1965-1967, quando lecionei na Universidade da Califórnia; não apenas em Iowa, entre 1968-1969, quando a complementei com uma uma boa bibliografia; não apenas em 1969, quando defendi o doutorado na UFMG; não apenas enquanto dava aquele curso na Casa do Saber (2012), mas, espantosamente para mim, continua a ser realizada. Quero dizer agora, por exemplo, que este texto já estava pronto quando, certa noite, numa insônia significativa, veio-me ao espírito claramente que em minha tese eu havia feito, sem me dar conta, a passagem do dois ao três, da *díade* à *tríade*, como um salto dialético e metodológico. Disto fala Lévi-Strauss em suas ricas análises (as quais eu não conhecia ainda). Portanto, observa-se que essa é uma análise em movimento que lembra a expressão *work in progress*. A estrutura da análise vai se esclarecendo mesmo depois de "pronta".

Se isto estava na tese original era somente naquele momento que, de repente, isso se formalizava no meu espírito. Foi como se a formalização crescente e latente em meu estudo se tornasse mais visível, e essa tríade era verificável não só naqueles três momentos:

Eu > Mundo
Eu < Mundo
Eu = Mundo

Ela se configurava ainda de outra forma que tento explicar. A crítica, em geral, sempre viu na obra de Drummond a existência de "três fases" que eram nomeadas como "irônica", "social" e "metafísica". De certa maneira, isto corresponde aos fatos textuais. No entanto, essa classificação é muito frouxa, impressionista e óbvia. A rigor é até imperfeita, pois a obra posterior do "poeta de sete faces" desdobra-se em outras facetas. Nessa linha, poder-se-ia dizer, por exemplo, que depois da fase metafísica viria a fase da memória ou da redescoberta da estória pessoal e da história nacional, ou, enfim, da criação singular do diário poético em que se convertem seus últimos livros, entretanto, isto é uma observação sem formalização.[2] Já a formalização da tríade ajuda melhor a entender o *projeto poético* em andamento. Aqueles três momentos do Eu e o Mundo são paradigmas que abrigam algumas metamorfoses de sua poesia e abrangem toda sua obra. Tomemos a título de exemplo alguns dos elementos amplamente estudados no livro: as metáforas aquáticas, os referentes visuais e os elementos topológicos vistos nesta disposição triádica:

Eu > Mundo	Eu < Mundo	Eu = Mundo
Lagoa	rio	mar
Espiar	ver	contemplar
Janela	rua	avenida

---

[2] Publiquei posteriormente várias resenhas em diversos jornais sobre os novos livros de Drummond, assinalando a ideia de poesia como diário, de poesia e história.

Dou esses três exemplos como poderia indicar a transmutação triádica de ironia/drama/compreensão ou província/cidade/memória. O fato é que uma série de elementos que identifiquei no trajeto do *gauche* configuram a tríade como elemento da maturidade do personagem. Se a díade, como impasse, marca psicologicamente a relação primeira (da mãe e do bebê), se refere-se geometricamente à bidimensionalidade, a tríade não apenas supera os elementos antitéticos, refere-se à harmonia possível na escala humana.

Neste contexto estruturante e estrutural, nessa visão sistêmica da obra, foi ficando claro (com Heidegger) que o verbo entendido como *Zeitwort* (palavra carregada de temporalidade) era elemento importante para se entender o movimento do personagem *gauche* que saía de seu canto provinciano para metrópole/necrópole de seu tempo, expondo-se tanto à destruição (física) quanto à construção (metafísica) do conhecimento poético.

Já não era mais questão de analisar os substantivos e as adjetivações, mas redescobrir o verbo drummoniano, o *zeitvort*, em sua potencialidade. Não bastava falar, aludir, era imperioso demonstrar objetivamente, havia de analisar os verbos. Uma pesquisa mostrava que verbos como: "procurar", "pesquisar", "andar", "seguir", "carregar", "pisar", "ir", "vir", "perder", "caminhar", "nadar", "deslizar", "viver", "viajar" e "amar" tinham importância no deslocamento do personagem. Alguns poemas, nesse sentido, eram exemplares, como "A um hotel em demolição", no qual a partir da afirmativa "todo hotel é fluir", anotei dezenas de termos relativos ao fluxo e à destruição.

Aos verbos e seu "sentido de fluxo", contrapunham-se, aparentemente, os substantivos que deveriam ser o lugar da "retenção do tempo" e do fluxo: "corpo", "bolso", "quarto", "espelho", "retrato", "gaveta", "cofre", "baú", "mala", "urna", "casas", "edifícios" e "cidades". Esses substantivos davam notícia da catástrofe humana do indivíduo exposto à destruição no tempo. Por outro lado, a categorização de Bachelard, ao perceber na poética do espaço "objetos que se abrem", "objetos-sujeitos" e "objetos mistos", ajudou a formalizar a pesquisa. Na verdade, o fluxo/destruição do indivíduo no tempo/espaço passou a ser compensado pela *memória*, pela *palavra poética* capaz de restaurar metafisicamente o que fisicamente vai se desintegrando.

O estudo da memória, do além do estudo do tempo/espaço, conduziu inevitavelmente à indagação sobre o "tudo" e o "nada". O poeta, que na segunda fase havia dito "o tempo é minha matéria", ao final vai dizer: "minha matéria é o nada". A memória é uma forma de ressentir, repetir e recriar, mas em outro plano. A partir do livro *Boitempo* isso vai se cristalizar mais claramente. A província (o passado) é restaurada afetivamente, não mais ironicamente como nos primeiros livros. O poeta não espia, desenvolve um olhar agudo, contempla. Agora faz mais sentido a epígrafe de *Claro Enigma*: "os acontecimentos me entediam". Já se sentindo além do tempo, ultrapassado o conflito do claro/escuro, no plano da memória há uma luminosidade intemporal da rosa, do diamante, da flor. O *gauche* que antes dizia: "fique torto no seu canto", agora, extrapolando as categorias de tempo, dirá: "eis que eu mesmo me torno o mito mais radioso/ e talhado na penumbra sou e não sou, mas sou".

Depois de ter enfrentado a delicada e sofisticada questão do "nada", da "recusa" às soluções fáceis para a solução (relativa) do mistério e do enigma, havia de aprofundar uma questão exposta no tema da destruição – a *morte*. A morte que estava presente nas "casas", no "corpo", nos "edifícios", na "cidade", nos "amigos que se vão", no "amor" e na própria "poesia". Evidentemente, esse personagem se comportava como "um ser para a morte". Acordar para a morte: um despertar crescente da consciência no tempo. Conhecer a morte como modo poético de alongar a vida.

Nesse sentido, o pensamento de Heidegger em *Ser e tempo* e em *Introdução à metafísica* instrumentalizava a compreensão dessa poética: o *gauche* é aquele "estranho" a que se referia Heidegger (*das Heimliche*) que sai e se retira do "familiar, caseiro, intimo" e, como o personagem decantado no coro de *Antígona*, de Sófocles, encontra na *morte* a *aporia* final.

Heidegger, que tanto estudou a linguagem poética de Píndaro, Hölderlin e Sófocles, aproximando o poeta e o filósofo, achava que a poesia era um exercício de conhecimento, me oferecia ainda alguns conceitos muito operacionais para configurar a estrutura da obra. A poesia de Drummond se refere a "inquérito", "busca", "procura", "segredos", "símbolos", "mistérios" e "enigmas". Em um dos poemas indaga: "trouxeste a chave?", e ele mesmo diz: "é mal dos enigmas não se decifrarem a si próprios". Também assevera "o enigma tende a paralisar o mundo". Eu diria: o enigma tende a paralisar a leitura, a compreensão do texto, portanto, há que decifrá-lo. Há um deslocar-se, um encaminhar-se do canto escuro e provinciano do indivíduo para a *polis* de seu tempo, e dois instrumentos heideggerianos me foram úteis:

Primeiro, o conceito de poesia como *logos*, como "reunião revelante". Heidegger afirma: "quem é o homem, não chegaremos a saber por meio de uma definição erudita senão poetando originariamente, fundando poeticamente". Como se não bastasse o caráter sistêmico de sua obra e a pesquisa verbal e existencial, constatei que Drummond nomeou significativamente sua poesia completa de *Reunião*. Uma reveladora coincidência entre o poeta e o filósofo.

Por outro lado, o conceito de obra como *projectum* (um constante lançar-se à frente de si mesmo) estava em consonância com o périplo desenhado pelo *gauche* nos três atos de sua relação com o mundo. Igualmente, a noção de "destruição" em Drummond dialogava com a mesma noção no pensamento heideggeriano, e mais ainda com os conceitos de "ruína" e até de "fama". O conceito de *aporia* (presente em Sófocles e Heidegger) ao mesmo tempo em que dava um sentido superior ao poema "Áporo" se coadunava com o conceito de *estranho* (*gauche*/*displaced*), aquele que é expulso do que lhe é familiar (*gauche*), e encontrava ressonância na questão *do homem como ser para a morte*.

É relevante observar que, tecnicamente, eu não estava mais fazendo simplesmente um estudo comparado entre filosofia e literatura, estava trazendo para dentro do estudo literário instrumentos da filosofia, e não levando a literatura para fora de si mesma.

Finalmente, um conceito existente na psicologia, na religião e, sobretudo, na literatura vinha completar esse quebra-cabeças e esclarecer os enigmas enfrentados: *epifania*. Então, cito autores modernos como Joyce e Eliot que tinham consciência deste fenômeno. Filósofos racionalistas como Descartes experimentaram essa dimensão do conhecimento até naquele sonho de 1619, que gerou *O discurso do método*. Em nossa literatura, Clarice Lispector – como mostrei posteriormente em diversas análises – era uma autora epifânica. A epifania, enfim, reunia os conceitos tomistas de *integritas, proportion* e *claritas* que iriam explicar o classicismo de Drummond.

A epifania tem três acepções confluentes: a revelação súbita de uma verdade (psicologia), a revelação de Cristo aos gentios (religião) e a obra de arte como revelação. Em Drummond havia uma "epifania em progresso". Se a obra, como na epifania, tinha vários pontos luminosos, alguns poemas, aqui e ali, irradiavam mais luminosidade. Assim, poemas que haviam sido analisados apenas estilisticamente, retoricamente, passavam para outra dimensão até que se chegasse ao clássico. "A máquina do mundo" extrapola a temática de Camões ou o diálogo com Dante e deve ser analisado com o "Relógio do rosário": em ambos a "recusa" da solução absoluta do enigma é fundamental para esclarecer dialeticamente o próprio sentido do enigma.

Curso/percurso[3]

Se é difícil refazer o curso dado na Casa do Saber, é impossível sintetizar o livro ou a metodologia utilizada na análise da obra de Drummond.

Se ao tempo em que fiz tal análise havia cerca de seiscentos artigos e estudos sobre o poeta, hoje talvez haja 6 mil. Minha análise, pelo número de edições desse livro, pela permanência na bibliografia crítica do poeta, parece resistir. Há um dado intrigante que não posso deixar de lembrar: depois de 1969, quando meu livro ficou pronto, o poeta publicou várias obras novas.

Lembro-me de que, quando lecionava na Universidade da Califórnia (entre 1965 e 1967), um professor me perguntou se não temia fazer uma tese sobre um autor vivo cuja obra estava em construção. A pergunta não era de todo estúrdia. No entanto, eu estava localizando um tipo de estrutura intemporal da obra que não era invenção minha. Se Hölderlin dizia que "odeia o Deus sensato, o crescimento intempestivo" eu sabia que estava li-

---

3 Publicado em *Jornal Rascunho*, julho de 2012.

dando com um autor que não dava "saltos intempestivos", pois os livros posteriores vieram confirmar e aprofundar os modelos propostos.

Entretanto, mais de quarenta anos depois, em 2012, 110 anos após nascimento do poeta, ao terminar o curso na Casa do Saber, uma aluna que por coincidência foi minha colega de turma na saudosa Faculdade de Letras da UFMG, Heloisa Carvalho, contou-me, espontaneamente, que certa feita, aqui no Rio, encontrou o poeta no elevador, e não tendo o que lhe dizer, mas querendo se comunicar, falou:

– Eu queria lhe dizer que fui colega de faculdade do Affonso Romano de Sant'Anna, que escreveu uma tese sobre o senhor.

Drummond prontamente respondeu:

– Pois é, minha filha, ele me desparafusou todo...

Eu já tinha ouvido do poeta essa declaração, já tinha lido isto na imprensa e para mim soou mais como a confirmação de afinidades, da eficiência do método utilizado. Eu sabia, através de Maria Lucia Pazzo, que o poeta indicava minha tese como modelo a ser seguido para aqueles que também queriam fazer uma tese sobre ele, ou seja, meu método de trabalho não era um método exterior à obra, mas um método surgido das entranhas da obra num diálogo com o olho do observador, um método que somava várias contribuições interdisciplinares, mas as trazia para dentro do campo literário, fazendo o texto falar sua potencialidade.

Diria que essa preocupação estruturante sempre esteve presente em meu espírito, antes e depois do estruturalismo. O exemplo posterior é *Barroco, do quadro à elipse* (2000), em que proponho um novo modelo de interpretação do Barroco – ontem e hoje, nos vários campos do conhecimento – a partir da derivação do quadrado e do círculo para a elipse. Já em *Análise estrutural de romances brasileiros* (1972), construí dois modelos interpretativos, não como ponto de chegada, mas como ponto de partida para a análise.

Sobretudo, minha peripécia ao analisar a obra de Drummond excedia à comum declaração de amor a um autor, extrapolava o dever de uma tese universitária e, como eu dizia na introdução do livro, "decifrar o enigma do poeta identificou-se com o decifrar o enigma de todo homem e o meu próprio". Disso surgiu aquela experiência epifânica que narrei numa crônica e que transcrevo aqui como forma de exprimir o inexprimível da experiência poética.

Uma simples epifania[4]

É com uma exposta humildade que lhes digo: um dia supus ter entendido tudo. Digo quase pedindo desculpas pelo que vou narrar. Mas um dia me pareceu ter entendido, fragorosamente, o sentido essencial das últimas questões.

A isto os entendidos chamam de epifania.

Aconteceu numa pequena cidade do oeste americano. Não, eu não palmilhava no entardecer uma estrada de Minas, como o Drummond no poema "A máquina do mundo", mas em compensação estudava dia e noite a poesia daquele poeta, vasculhando uns textos de Heidegger, Bergson, Poulet, Cassirer, Einstein, Heisemberg, Sófocles, Borges, Joyce e quantos mais, quais os segredos da consciência humana diante do tempo e do espaço. Muitos desses autores, com efeito, falaram e viveram epi-

---

4 Publicado em Sant'Anna, *A sedução da palavra*.

fanias, a exemplo de Descartes, o racionalista que numa noite de novembro de 1619 teve um sonho em que o Espírito da Verdade o visitava e a partir daí começou a escrever "O discurso do método".

Pois eu estava em Iowa e lá fora nevava. Nevava há vários meses. E eu lia. E eu lia desvairadamente. E, beneditinamente, anotava tudo o que podia. Não tinha computador, senão milhares de fichas em que compulsavam teorias e poesias. Já sabia a obra do poetão praticamente de cor. E lá fora nevava. Eu estava num programa internacional de jovens escritores de todo mundo. E nevava. E eu sequer namorava, não que não quisesse, mas porque a libido estava toda na metafísica.

Vai, então, lá pelas tantas, centenas de páginas escritas, escrevendo até às cinco da manhã, aconteceu-me o explicável inexplicável. De repente, pareceu-me entender todos os mistérios. E o digo humildemente. Não apenas os mistérios dos textos do poeta, não apenas dos livros teóricos que lia, mas todos os indevassáveis mistérios.

Aconteceu numa noite, de repente.

Estava procurando as pontas do pensamento para fechar o novelo das ideias. Me lembro, havia, há alguns dias, interrompido o trabalho por não conseguir ligar racionalmente a última parte, exatamente a que falava da epifania poética. Bem que eu havia lido em James Joyce o pensamento tomista, segundo o qual a epifania se dá pela integração entre *integritas* (integração do tempo e espaço numa visão única); *proportio* (conhecimento da imagem pelo conhecimento dos seus elementos e partes); e *claritas* (manifestação sólida, clara e tangível da harmonia formal). Eu tinha na cabeça o roteiro, mas não conseguia o salto, o grande salto. Era como se tivesse o mapa e a estrada, mas as pernas não mais quisessem andar. Então, como não conseguisse, parei tudo. Estava escrevendo contra o tempo, tinha que apresentar o trabalho na universidade, mas num gesto heroico e suicida, me disse: paro por aqui, não adianta insistir. Se não conseguir juntar as partes, entrego o que tenho. Será uma pena, mas é o que pude.

E parei.

Durante uma semana perambulei pela neve. Não lia. Não escrevia. Fiquei bestando, perplexo, como quem, não podendo pensar o que devia e podia pensar, se conforma em não pensar.

E aí, aconteceu. Uma noite olhei os papéis e fichas displicentemente, mas parecia que algo me conduzia. (Ao lembrar ainda me arrepio.) Tomei das fichas, reli os papéis e, de repente, o pulso disparou, o coração começou a ecoar forte em sua caixa, as veias da cabeça dilataram-se, achei que ia morrer. E comecei a escrever, escrever furiosamente. E se não fosse arrogância, eu diria que uma luz imponderável jorrou dentro e fora de mim. Súbito, entendi tudo. Súbito tudo o que me faltava sobreveio como dádiva.

Se alguém entrasse naquele momento e me perguntasse qualquer das irrespondíveis questões, eu responderia em plenitude beatífica. A consciência havia extrapolado todas as barreiras.

Então, tive medo. Tive pânico em meio à claridade concentrada na porção minúscula de tudo o que eu era. Ia explodir. Ia morrer ao peso de tanta revelação.

E eu escrevia, já não sei o que escrevi, eu escrevia enquanto o pulso continuava exorbitando e as veias na testa pareciam crescer perigosamente.

Não aguentei. Na verdade, o gozo da verdade é fulminante. Temi morrer. Eu ia morrer se continuasse a ser habitado pela Resposta. Agora entendi por que estava escrito que o homem não pode ver a face de Deus. É que sua finitude não suporta a esmagadora revelação.

Então, me levantei sôfrego, me olhando assombrado diante do espelho. Fui à pia e comecei a molhar os pulsos. E como isso só não resolvesse, enfiei a cabeça debaixo da torneira da pia.

E a febre passou.

Eu não suportei minha modesta epifania mais que uns simples e infinitos segundos. Eu a entrevi e a deixei escapar.

A revelação se foi.

Mas algo ficou.

Referências bibliográficas

BANDEIRA, M. *Intinerário de Pasárgada*. Rio de Janeiro: Jornal de Letras, 1954.

_____. *Poesia e prosa*. v.2. Rio de Janeiro: Aguilar, 1958.

BLOOM, H. *The anxiety of influence:* a theory of poetry. Oxford: Oxford University Press, 1930.

BRUSATIN, M. *Storie delle line*. Torino: Piccola Biblioteca Einaud, 1993.

BUSATO, L. *Montagem*: processo de composição de *Invenção de Orfeu*. Rio de Janeiro: Âmbito Cultural Edições, 1978.

DRUMMOND DE ANDRADE, C. *Conversa de livraria*. Organizado por Claudio Giordano; Waldermar Torres. Porto Alegre/São Paulo: Age/Giordano, 2000.

ESCOREL, L. *A pedra e o rio*. Rio de Janeiro: Academia Brasileira de Letras, 2001.

GLEIK, J. *Caos*. Rio de Janeiro: Campus, 1990.

HUIZINGA, J. *Homo Ludens*. São Paulo: Perspectiva, [s.d.].

JOÃO Cabral de Melo Neto/Joan Miró. Casa America Catalunya, 2008.

LÉVI-STRAUSS, C. *L'Antropologie face aux problémes du monde moderne*. Paris: Seuil, 2011. (Librairie du XXIe Siècle.)

_____. *L'autre face de la lune*. Paris: Seuil, 2011. (Librairie du XXIe Siècle.)

LIPKING, L. *The life of the poet*: begining and ending poetic careers. Chicago: The University of Chicago Press, 1981.

MARTINS, W. Dinastias poéticas. In: _____. *Pontos de vista*. v.12. (1986-1990). São Paulo: T. A. Queiroz, 1996.

MELO NETO, J. C. Poesia e composição: a inspiração e o trabalho de arte. *Revista brasileira de poesia*, São Paulo, v.VII, MCMLVI, abr. 1956.

MENDES, M. *Antologia poética*. Rio de Janeiro: Fontana/Mec, 1967.

MEURER, C. E. C. Um caderno de guerra de Joan Miró. *Tessituras & Criação*. n.1. Disponível em:

http://revistas.pucsp.br/index.php/tessitura. Acesso em: 20 jun. 2014.

POUND, E. *The literary essays of Ezra Pound*. Prefácio de T. S. Elliot. Nova York: The New Direction Book, [s.d.].

SANT'ANNA, A. R. S. *A cegueira e o saber*. Rio de Janeiro: Rocco, 2006.

_____. *A sedução da palavra*. Brasília: Letraviva, 2001.

_____. *Barroco*: do quadrado à elipse. Rio de Janeiro: Rocco, 2000.

_____. *Drummond*: o *gauche* no tempo. Rio de Janeiro: Record, 2008.

_____. Museu da transgressão. In: _____. *Desconstruir Duchamp*. Rio de Janeiro: Vieira & Lent, 2003.

_____. *Música popular e moderna poesia brasileira*. São Paulo: Landmark, 2004.

_____. *Música popular e moderna poesia brasileira*. São Paulo: Nova Alexandria, 2013.

_____. *O desemprego do poeta*. Belo Horizonte: Estante Universitária/UFMG, 1962.

_____. *O enigma vazio*: impasses da arte contemporânea. Rio de Janeiro: Rocco, 2009.

_____. *Paródia, paráprase & Cia*. São Paulo: Ática, 1977.

_____. *Poesia reunida*. v.1. São Paulo: L&PM, [s.d.].

SANT'ANNA, A. R. S. *Que fazer de Ezra Pound?*. Rio de Janeiro: Imago, 2003.

_____.; COLASSANTI, M. *Com Clarice*. São Paulo: Editora Unesp, 2013.

SECCHIN, A. C. *João Cabral*: a poesia do menos. São Paulo: Duas Cidades/Pró Memória/INL, 1985.

SUSSEKIND, F. *Correspondência de Cabral com Bandeira e Drummond*. Rio de Janeiro: Nova Fronteira/Casa Rui, 2001.

SOBRE O LIVRO

Formato: 11,5 x 15,5 cm
Mancha: 17,8 x 25,3 paicas
Tipologia: Adobe Garamond Pro 11/14
Papel: Off-white 80 g/m^2 (miolo)
Cartão Supremo 250 g/m^2 (capa)
1ª impressão: 2014

EQUIPE DE REALIZAÇÃO

Edição de texto
Otávio Corazzim/Tikinet (Preparação)
Nara Lasevicius/Tikinet (Revisão)

Editoração eletrônica e capa
Vicente Pimenta

Assistência editorial
Jennifer Rangel de França

Cromosete
Gráfica e editora ltda.
Impressão e acabamento
Rua Uhland, 307
Vila Ema-Cep 03283-000
São Paulo - SP
Tel/Fax: 011 2154-1176
adm@cromosete.com.br